ABANDONNÉE DE TOUS

HOPE DANIELS
et MORAG LIVINGSTONE

ABANDONNÉE DE TOUS

traduit de l'anglais
par Anne Bleuzen

ARCHIPOCHE

Ce livre a été publié sous le titre
Hackney Child
par Simon & Schuster, Londres, 2014.

Notre catalogue est consultable à l'adresse suivante :
www.archipoche.com

Éditions Archipoche,
34, rue des Bourdonnais
75001 Paris.

ISBN 978-2-35287-922-0

Préface

Je suis née et j'ai grandi à Hackney dans les années 1970. Je ne viens pas des quartiers chic de ce district londonien – dans notre immeuble vivaient des familles de divers milieux et origines ethniques. Pour moi, l'enfance était une période de la vie dont il fallait profiter ; quelles que soient les difficultés auxquelles étaient confrontées les familles, certains fondamentaux ne changeaient pas : les parents sont censés assurer le gîte et le couvert, donner de la chaleur et de l'amour ; apprendre aux enfants à se respecter et à respecter les autres.

Hackney est un melting-pot de personnes de cultures et de classes sociales différentes. Un endroit qui vibre et qui vit. Pourtant, j'entretiens aujourd'hui avec lui une sorte de relation d'amour-haine, parce que ce tissu coloré comporte son lot de problèmes, tout comme d'autres quartiers de Londres ou d'ailleurs : maltraitance des enfants, drogue, alcoolisme, criminalité, troubles mentaux, prostitution... Il me semble presque inconcevable d'avoir si peu perçu, à l'époque, cette misère enracinée autour de moi, que subissaient au quotidien d'autres enfants. Peut-être étais-je naïve. Ou peut-être m'a-t-on protégée des dures réalités de la vie.

J'ai connu Hope (un nom d'emprunt[1]) en devenant son assistante sociale. Pendant les présentations, avant notre première rencontre, elle a insisté pour que je lui envoie une photo de moi, ce que j'ai fait. Elle avait seize ans et n'arrêtait pas de poser des questions. Elle semblait penser beaucoup à l'avenir. Elle était vive, curieuse, pleine d'humour et – ce qui n'est pas le moins – déterminée. J'ai adoré son tempérament. Derrière cette façade, j'ai aussi perçu une vulnérabilité et compris peu à peu que Hope avait besoin dans sa vie de figures adultes stables et rassurantes. De nos jours, cela ne serait pas recommandé, mais je suis restée pour elle l'une de ces figures – une sorte de « tatie sociale ».

Ce témoignage est le premier livre de Hope Daniels sur ses années d'enfance. On y découvre ses capacités de survie hors du commun, ce qui nous en dit long sur la résilience et les ressources que nous portons en nous. Même si beaucoup de choses ont changé depuis les années 1970 et 1980, ces pages racontent un parcours qui, malheureusement, continue de faire écho à ce que vivent aujourd'hui encore des enfants et des adolescents confiés aux services sociaux.

Si nous voulons mieux comprendre les conflits qui se jouent entre le monde intérieur et le monde extérieur de ces jeunes avec qui nous travaillons, il nous faut entendre la vraie voix de l'enfant. Voici un livre qui nous en offre l'opportunité : tous les professionnels de l'enfance en danger devraient s'y plonger.

S., ancienne assistante sociale de Hope

1. *Hope* signifie « espoir ».

« Peu d'entre nous auront
la grandeur d'infléchir
l'Histoire, mais chacun peut
s'employer à changer une
petite partie des événements ;
et la somme de tous ces actes
écrira l'histoire de notre
génération. »

Robert F. Kennedy

Lettre à Lily

Juin 2010

Chère Lily,

Ce matin, je t'ai regardée naître, ma petite-fille.

Je ressens le miracle de la vie en voyant arriver une nouvelle génération et cela me remplit de joie ; mais j'ai aussi, étrangement, quelques scrupules à prendre la plume. Je ressens le besoin impérieux de te parler à travers les pages de ce livre (même si je le considère encore davantage comme un journal que comme un livre). Ces mots, je ne suis pas capable de les prononcer, mais j'ai besoin de les exprimer. Ce ne sont pas des mots pour le moment présent, mais pour l'avenir, quand tu seras plus grande ; et pourtant, j'ai besoin de les écrire maintenant. Dès que j'ai su que j'étais enceinte de ta mère, je l'ai aimée de tout mon cœur et cela dure encore. Tu appartiens à une belle nouvelle génération. Ta mère a grandi dans un foyer aimant et attentionné, et le passé s'arrête là.

À dix-huit ans, j'ai eu accès à des informations sur ma vie que j'ai été incapable d'assumer. Je suis repartie après avoir lu trois dossiers dont je ne savais que faire. À vingt-deux ans, je suis retournée les consulter. Et ce n'est qu'aujourd'hui, alors que je suis une jeune grand-mère de trente-cinq ans, mère de deux enfants, vivant une relation stable et heureuse, que je parviens à accepter ce que m'ont appris ces dossiers et à vivre avec ce qu'est, ce qu'était, ma famille. Ta mamie a délibérément édulcoré son passé, mais maintenant que tu es là, tout a changé. Quand tu seras grande, je veux que tu saches d'où tu viens. Je veux que tu saches que j'ai essayé d'entrer en contact avec d'autres personnes comme moi. J'ai essayé de m'occuper d'enfants sous tutelle, placés par les services sociaux. Après tout, ce sont tout simplement des enfants.

On m'a accolé toute ma vie tellement de stéréotypes. Par le simple fait de ma naissance, j'ai été étiquetée. J'étais censée vaciller, échouer, décevoir. Les statistiques ne sont jamais bonnes pour les enfants confiés aux services sociaux.

Quand l'État te tient lieu de parent, ces statistiques t'empêchent d'avancer. Elles te forgent un nom, une réputation. Tout le monde pense que tu vas reproduire le cycle et «finir comme ta mère». Les chiffres disent vrai pour les enfants brisés avant d'être placés, pas pour ceux que le placement a brisés. Je les ai fait mentir en rompant le cycle. Ce n'est pas un maigre exploit, tout bien considéré. Mais j'ai toujours été très ambitieuse, pour quelqu'un dans ma situation. Enfant, je rêvais de me construire une vie de famille «normale». À l'époque, je ne comprenais pas ce que ça voulait dire, mais toi, tu le sauras, tout comme ta mère le sait. Et rien que pour cela, je n'ai aucun regret. Mes espoirs se bornaient à me sentir normale et en sécurité, et à pouvoir faire des choix. Je suis heureuse d'y être parvenue. C'est étrange de penser qu'il va de soi pour tant de gens d'avoir une famille, alors que mes parents, eux, en étaient incapables à cause de leur histoire.

Quand elle n'a pas le choix, une personne qui survit en marge de la société à Hackney grandit vite. Mûre avant l'âge et pourtant, aujourd'hui encore, à bien des égards, aussi vulnérable qu'une enfant. Je peux repérer un ancien enfant de l'assistance à cent mètres. Je veux que tu sois une enfant comme les autres, et que tu aies la joie d'aimer et d'être aimée. Tes parents et tes grands-parents peuvent te proposer une vie de famille normale, et c'est le plus important. Nous avons travaillé dur pour t'offrir cela. Une telle vie, les générations précédentes pouvaient seulement en rêver.

Nous avons porté le poids des étiquettes qui nous ont été imposées comme toi tu porteras des vêtements propres sur ton dos. Nous avons répondu aux attentes stéréotypées avec tout le panache de la poupée Barbie dont je rêvais quand j'étais petite fille. Demain, j'irai t'acheter une poupée rose et des habits neufs.

Comme la vie chaotique de mes parents ne me laissait aucune chance, le placement était la meilleure solution. Et pourtant, une fois sortie du système, j'ai dissimulé mon passé. J'ai refusé de divulguer quoi que ce soit sur cette période de ma vie.

Cette marque indélébile, cette honte ont imprégné chacune de mes actions et de mes décisions. Alors que j'écris ces lignes, près de vingt ans plus tard, je prends conscience que je n'ai pas toujours dit la vérité. J'ai inventé d'innombrables fables, parfois pour la simple raison que je ne connaissais pas la vérité. Ce livre – assemblage de souvenirs, de lettres pour toi et d'extraits de mes dossiers – me permettra d'être honnête avec mes enfants et avec toi, la première de mes petits-enfants. Pour la première fois peut-être, je serai également honnête envers moi-même. Ce n'est qu'en affrontant le passé que je pourrai embrasser librement l'avenir, avec toi, ma petite fleur fragile.

Un beau souvenir s'est forgé aujourd'hui ; il s'ajoute aux autres, nécessaires, mais souvent douloureux. Des souvenirs déclenchés par un bruit, un son, un numéro de bus, une musique – peu importe le déclic, les réminiscences qui suivent sont pénibles. Mais il m'est impossible de les ignorer.

Certaines personnes sont fascinées par mes souvenirs d'enfance. Des gens curieux et bien intentionnés me posent des questions, comme ils demanderaient des nouvelles de vieux amis. Comme si les premiers souvenirs d'une personne éclairaient ce qu'elle est devenue, donnant des indications sur l'itinéraire de vie qui a suivi. Je veux que ton premier souvenir soit joyeux. Je veux que tous tes souvenirs, ou du moins la majorité, soient heureux. Je veux que ton foyer soit une vraie famille. Quoi qu'il arrive, je veux que tu saches que ta famille t'aime. Voilà, ma petite-fille chérie, la promesse, le cadeau, que je peux t'offrir.

Ta mamie, Hope

1

Un souvenir

Rapport de police, 18 août 1983

À 11 h 30, environ, trois enfants sont entrés au poste de police de Stoke Newington. Les enfants sont connus de la police comme étant ceux de [BLANC], prostituée, et [BLANC], condamné pour vol.

La petite fille, Hope, 9 ans, a demandé à voir son assistante sociale et à être placée, parce qu'elle et ses deux frères (7 et 5 ans) ne peuvent plus vivre au domicile familial.

Une ordonnance de placement provisoire a été prononcée, et Hope et ses frères ont été confiés aux services sociaux et transférés au foyer pour enfants de Chesterfields, à Highgate.

Depuis ce jour de 1983 où, à neuf ans, je suis allée demander aux policiers de nous confier aux services sociaux, mes frères et moi, je n'ai plus qu'une obsession : lire les dossiers qui me concernent.

Les voici. Ma vie compilée devant moi. Sur la table, plusieurs tas précaires d'une trentaine de centimètres de haut. Des dossiers marron et verts, pleins à ras bord.

Quatre piles de trois plus un à côté égalent treize. La pièce, aveugle, ne fait pas quatre mètres carrés. Des murs d'un joli jaune pâle qui ne m'apportent aucun réconfort. Hormis l'horloge murale, une table, une chaise et les souvenirs dans mes dossiers, je suis seule. Une vague odeur de cirage m'arrache un sourire : c'est bien, ils ont fait un peu de ménage pour essayer de masquer l'odeur de musc caractéristique de ces box d'entretien.

Je referme la lourde porte en bois gris-bleu, laissant derrière moi le brouhaha des couloirs où se pressent les personnes venues faire le point de leur vie chaotique avec leur assistant social. À la fin de l'entretien, des feuilles blanches viendront épaissir leur dossier ; feuilles blanches qui compléteront peut-être les feuilles jaunes des rapports de police.

Non, même si je penche la tête sur le côté, ça ne change rien. Il y a plus de blanc que de jaune dans mes dossiers : c'est déjà ça.

En apparence, ce ne sont que de vieux dossiers datant d'avant et après ma naissance, des années 1970 et 1980, ce qui est logique, puisqu'ils parlent de moi et de ma famille, avant et après ma naissance.

Les services sociaux nous connaissent depuis longtemps. Des feuilles de papier soigneusement attachées et classées, écrites par d'autres : assistantes sociales, avocats, juges, psychologues. Ma vie, celle de mes parents, celle de mes frères. Des feuilles jaunes et blanches, cornées, preuve qu'elles ont retenu l'attention de quelqu'un.

Qui ? Pourquoi ?

J'éclate de rire devant cette absurdité. Tout le temps où nous vivions avec nos parents, on nous a dit de nous taire, de ne parler à personne de ce qui se passait à la maison. Mais la simple existence de tant de dossiers, épais d'au moins cinq centimètres chacun, montre bien qu'il n'y a, qu'il n'y avait, aucun secret à garder, dans le fond. Ces histoires de famille aimante que j'ai inventées pour les autres, afin de faire bonne figure, n'ont-elles servi à rien? L'explication de ces années en foyer, ce qui s'est passé pendant cette période, la vie de mes parents, les raisons de leur incapacité à s'assumer... tout cela n'a été un secret pour personne. Sauf pour moi.

Je n'ai apporté aucune contribution officielle à ces dossiers, mais les voilà qui attendent. Ils attendent ici depuis tout ce temps qu'ils m'obsèdent. En cela, je ne suis en rien différente de beaucoup d'enfants confiés aux services sociaux, qui ne pensent qu'à obtenir et lire leurs dossiers.

Ces chemises marron et vertes qui protègent leur précieux contenu, posées sur un plateau de Formica gris moucheté, soutenu par quatre pieds métalliques, gris également.

J'attends l'arrivée de ma vieille amie, ma force intérieure, pour trouver le courage de les ouvrir. Sa voix familière va bientôt me dire : « Allez, vas-y ! » D'ici là, j'imagine mon assistante sociale, Bella, d'un si grand soutien, recevant l'autorisation de me donner accès à ces documents, à moi, Hope, dix-huit ans, née à Hackney de parents alcooliques.

Elle déverrouille une armoire, prend les dossiers deux par deux et les emporte dans une pièce qui ne m'est pas familière, mais elle n'a pas trouvé mieux, étant donné toutes les demandes traitées par les services sociaux de Hackney. Je la vois se décider à les disposer de telle manière, au format paysage, non, plutôt portrait, le plus petit côté face à la porte. Je sens que cette question la travaille, comme si sa décision pouvait atténuer l'impact des documents que d'autres connaissent, mais pas moi. Elle positionne les dossiers par ordre chronologique, avec soin, avec respect. Elle attend ma venue, sur rendez-vous.

J'ai rêvé de ce moment, je me suis battue pour cela. Maintenant qu'il est arrivé et que les dossiers se trouvent à un mètre de moi à peine, je commence à paniquer, comme toujours dans une situation difficile. Je ne peux pas. Je me tourne et pose la main sur la poignée de la porte. Mais un changement se produit en moi.

C'est absurde. J'attends cela depuis des années.

Tant de questions sans réponses. Les réponses sont là. Je regarde les dossiers par-dessus mon épaule et c'est comme si mon passé me faisait signe, me convainquant d'en finir avec cette obsession. Je souffle pour retrouver mon calme. Ma vision se brouille, une larme s'échappe.

Je ne peux pas faire ça. Je ne peux pas. Allez, tu dois le faire. Je le peux.

La grande aiguille de l'horloge a avancé de quinze minutes et je n'ai pas bougé. J'ai les yeux rivés sur les dossiers. Des émotions complexes me submergent, qui me dépassent. J'essaie d'être courageuse, mais ce que je voudrais, c'est que quelqu'un me réconforte, prenne les choses en main. Pourtant, je reste là à attendre le signal, une réaction physique qui se produit en moi quand je me sens abattue : après la peur, un moment de silence, puis mon corps se remplit d'une onde de calme et je parviens à me reprendre. Debout, le regard fixe, je recompte les dossiers, retardant l'inévitable.

Les décisions prises à mon sujet par les services sociaux, les familles d'accueil et les juges se trouvent dans ces pages. Je veux, j'ai toujours voulu savoir ce qu'ils pensaient vraiment et pensent encore. Comment ont-ils consigné des choix que j'ai faits par peur, par manque d'estime de moi-même ou tout simplement pour protester contre le système ? Par exemple, mes fugues et autres faits de rébellion où j'ai entraîné les autres avec moi ? Est-ce que tout cela est documenté ?

Ont-ils noté que je voulais devenir avocate ? Comment ont-ils écrit sur moi : de manière bienveillante ? professionnelle ? Que pensaient-ils de ma mère ? de mon père ?

Ont-ils su voir, au-delà des rires et de l'arrogance, l'enfant terrorisée qui voulait seulement qu'on la remarque et qu'on l'aime ?

Je suis comme clouée au sol. J'entends ma mère entrer dans mon esprit. Habilement, je la repousse avant qu'elle ne m'envahisse. Une image de l'échographie de l'enfant parfait que je porte la remplace. Les sentiments associés à la présence de ma mère se dissolvent. Je me rappelle pourquoi je suis là.

Je suis en train de fonder une famille et, plus que jamais, je veux savoir qui je suis, qui nous sommes vraiment. Je réfléchis à ce que j'ai réussi à construire – une vie de famille normale. Mon enfant à naître est déjà entouré d'amour, il grandira dans une maison propre et saine. Je suis fière de cela. Je sais que si je n'avais pas été placée, l'histoire se serait répétée d'une génération à l'autre. Je veux reprendre possession de ma vie à travers ces dossiers. Contrôler la réalité – telle qu'elle est exposée dans ces pages –, quelle qu'elle soit. Je veux savoir, maintenant. Je me dirige vers les dossiers comme je suis entrée dans le poste de police, à neuf ans, pour demander à voir mon assistante sociale. Ma main s'avance, se pose sur la première pile. Je me retrouve au poste de police, à neuf ans, une main sale accrochée au comptoir.

Réconfort.

La couverture du dossier me rassure. Le comptoir du poste de police me rassure. Une vague de sécurité m'enveloppe. Le policier me dit que je ne suis pas obligée de rentrer à la maison. Confiante désormais, je m'assois, pose mon sac par terre et prends un dossier en haut de la pile. Je l'ouvre de la droite vers la gauche. Comme le policier ouvre le sien. Je pose mes yeux sur la première feuille de mon histoire officielle. Le rapport de police, de couleur jaune, est là. J'ai neuf ans. Le policier écrit. J'ai dix-huit ans et je lis pour la première fois ce qu'il a écrit ce jour-là.

Je prends des notes, mais, après le troisième dossier, j'abandonne. Mes larmes coulent. Incapable de supporter les émotions provoquées par ce que je découvre. Je ne peux pas lire à travers mes larmes, et je sais que j'en ai lu assez. Je ne reconnais pas la famille dont parlent ces dossiers. Et pourtant, je sais que je la connais intimement. Je sais que c'est nous, mais il y a tant de choses que j'ignorais à propos de mes parents.

Où est la vérité?

J'ai dix-huit ans, je suis là et, malgré la naissance attendue de mon bébé dans quelques semaines, je me sens terriblement seule.

Je reste figée.

Ma main se dirige d'abord vers ma bouche et, comme cela m'est si souvent arrivé, j'essuie mes larmes des deux paumes, des yeux jusqu'au menton, en espérant que personne ne remarquera que j'ai pleuré quand je ressortirai de cette pièce.

Je reprends mon sac sans savoir si je rouvrirai un jour ces dossiers. Peu importe. Pour l'instant, j'en ai vu assez. À neuf ans, semble-t-il, je savais déjà ce que je sais aujourd'hui : malgré tous les défauts et les défis du système social, il vaut parfois mieux être retiré de la garde de ses parents.

Une soirée, 1977

Il fait noir. Je me sens en sécurité et au chaud sous cette couverture de manteaux. La musique est gaie, ça change du sinistre Elvis Presley ou, encore pire, Tom Jones, qui passent à la maison. Les enfants sont à l'étage, comme chez nous ; mais ici, il fait bon et on entend le son rassurant des voix d'adultes qui montent du rez-de-chaussée.

Des rires.

On a passé une bonne soirée à jouer avec d'autres enfants : peut-être que maman nous laissera jouer encore avec eux. Comme on était fatigués, mon petit frère Jack et moi, on s'est allongés sous la pile de manteaux des invités. Douceur des matières. Senteurs parfumées qui me caressent les narines. Je m'assoupis, Jack à côté de moi.

Je me réveille. La musique s'est arrêtée. Les deux aiguilles du réveil blanc carré qui est posé sur la table pointent vers le plafond. En bas, des gens se disputent. Je n'entends pas mes parents.

S'il vous plaît, ne vous disputez pas. Je veux jouer à nouveau avec les enfants.

Ma mère se dispute tout le temps. Je me concentre pour distinguer sa voix. Elle n'est pas là, j'en suis sûre.

Ouf! Ça veut dire qu'on pourra revenir. Si maman ne se dispute pas, alors… maman? Où est maman? Si elle n'est pas en train de se disputer, c'est qu'elle n'est pas là.

Je saute hors du lit et constate que la pile de manteaux a diminué depuis tout à l'heure. Je remonte un pan de tissu doux, au parfum délicat, sur le corps de Jack endormi. La sensation de la moquette sous mes pieds est agréable. La chambre sent le propre. J'ouvre la porte et une odeur de cigarette et d'alcool, de fête, la même odeur que chez nous, me saisit.

Je tends le cou. Je n'entends rien. J'avance. M'assois sur une marche de l'escalier.

« Qu'est-ce que tu veux dire… Ils les ont laissés ici?

— C'est ce qu'elle m'a dit, Michael.

— Qu'est-ce que c'est que ce bordel, Maureen? C'est quoi, ça? Partir sans ses gosses?

— Elle a dit qu'elle en voulait pas.

— PUTAIN. Et qu'est-ce qu'on est censés faire?

— On a envoyé John les rattraper, et c'est ce qu'elle lui a dit. Elle a oublié de les ramener, on n'a qu'à s'en occuper. Elle est soûle, Michael.

— Nous aussi, bordel! C'est pas pour autant qu'on oublie nos gosses! Jamais ça nous arriverait. Putain, mais qu'est-ce que…

— Michael, calme-toi. Les petits dorment. On va quand même pas les réveiller maintenant, si? Ils n'ont qu'à passer la nuit chez nous. Quand elle aura dessoûlé demain matin, elle se demandera où ils sont, elle reviendra les chercher et on n'aura qu'à dire que tout le monde a dormi ici. »

Les larmes me strient le visage. Je retourne me glisser sous les manteaux. En espérant que personne ne me trouve. En espérant que quelqu'un pensera à nous. La porte s'ouvre et jette une lumière qui disparaît quand elle se referme. Quelqu'un est entré dans la chambre. C'est Maureen, je reconnais son parfum. Elle soulève les derniers manteaux et les remplace par une couverture. Elle me touche le front, doucement, comme une mère.

La porte s'ouvre et se referme. Sa gentillesse m'arrache une larme. Des pas dans l'escalier.

« Ça ira, Michael, tu verras. »

Pendant deux jours, des gens partent et reviennent en dodelinant de la tête, l'air dépité : « Toujours personne. » L'excitation initiale de séjourner ailleurs, avec d'autres enfants, s'estompe à mesure que les adultes arrêtent de nous parler. Ils chuchotent dans les coins. Marmonnent dans la cuisine. On reste assis, on joue. On dort sur le canapé. Il fait bon. De temps en temps, pas assez souvent, on nous donne quelques biscuits et un verre de lait. Deux nuits passent et Phillip, mon grand frère, vient nous chercher.

Tout excités de le voir et de nous sentir finalement désirés, on ne pense même pas à chez nous, mais notre enthousiasme retombe à l'entrée de notre rue. La musique résonne à l'autre bout, là où on habite. Tom Jones, Elvis Presley. Cela veut dire une seule chose : mes parents sont soûls. À chaque pas, je me décompose. À chaque pas, on ralentit, retardant autant que possible le moment d'ouvrir la porte.

Un jour d'été, 1979

De la fenêtre de la chambre que je partage avec mes parents, on voit le jardin des voisins. À travers la vitre, la chaleur du soleil, accentuée par des bruits d'éclaboussures et de deux enfants qui jouent, commence à caresser ma peau. Les cris joyeux passent la barrière et parviennent jusqu'à moi, attirant mon attention alors que j'ai les yeux fixés sur la penderie. C'est la penderie de ma mère, je n'ai pas le droit de l'ouvrir. Jésus est là, lui aussi. Comme toujours, il baisse les yeux depuis sa croix sur le mur. Il est le seul à me voir chaque jour résister à la tentation de découvrir ce qui se cache derrière les portes de cette penderie.

Les rires m'attirent vers la fenêtre. Je reste dans l'ombre des rideaux pour les regarder, les yeux écarquillés devant ce jardin coloré. Des fleurs rouges, jaunes et orange parfaitement disposées en ornent trois côtés, le long de la barrière. Dans un coin du jardin, c'est différent. On dirait un champ, avec des tas de feuilles recouverts de filets. De la rhubarbe ; il y a aussi de la rhubarbe. Devant la parcelle de terre où elle pousse, avec d'autres grandes plantes, s'étend une herbe d'un vert lumineux, tondue à ras et sans rien qui dépasse, comme les courts de Wimbledon – je les ai vus à la télé, dans la vitrine du magasin Radio Rentals.

La pelouse s'étend du fond du jardin jusqu'à la maison. Au milieu de cette herbe d'un vert lumineux et tondue à ras se trouvent deux enfants, à la peau brune éclatante et aux épais cheveux noirs bouclés, et une pataugeoire. D'un jaune vif, aussi vif que le crayon avec lequel on dessine le soleil à l'école. Elle est remplie d'eau. Un tuyau d'arrosage gît sur le sol, prêt à servir à nouveau. Je soupire. Je frotte la vitre avec ma manche pour mieux voir. Un oiseau se dandine dans une flaque d'eau sur une table. On dirait que cette table est là rien que pour les jeux des oiseaux. Je suis impressionnée. Je cherche une meilleure vue en bougeant la tête de droite et de gauche, évitant de regarder le chaos envahissant de notre jardin – nous, on n'a pas d'oiseaux. Non seulement il y a des oiseaux dans le jardin des voisins, mais ils ont même prévu une place spéciale pour eux, juste à côté de la fenêtre de la cuisine.

Les oiseaux vont et viennent sur la table à eau. Je suis des yeux la trajectoire de leur vol et remarque leur approche timide. D'abord, ils se perchent sur la barrière et regardent dans toutes les directions pour vérifier qu'ils ne vont pas se faire prendre ; puis ils filent vers l'eau, restent un moment sur le bord de la table. Et PLOUF ! Ça y est. L'affaire est dans le sac. Je trouve qu'ils se déplacent comme papa nous a appris à le faire dans les magasins : on regarde bien tout autour pour ne pas se faire prendre et, de notre air le plus naturel, on chipe un paquet sur une étagère. Comme les oiseaux, on arrive à faire tout ça en même temps. J'éclate de rire. Peut-être que c'est papa qui leur a appris ? Les enfants m'ont entendue et lèvent la tête. Je fais un pas en arrière pour qu'ils ne me voient pas. Trop tard. Ils crient vers moi.

« Tu veux venir jouer avec nous ? »

Un mélange d'excitation et de peur m'envahit. Ma mère me tuera si elle le sait : on n'a pas le droit de parler aux Noirs. Elle dit qu'ils prennent nos boulots et tout ça. Elle les traite de nègres – ça me fait frissonner quand elle crache ce mot-là. Enfin, elle n'a pas dit que je ne pouvais pas jouer avec eux… Elle devait parler des autres, pas de nos voisins. Et puis c'est la fille qui me l'a proposé, alors je pourrai dire à maman que ce n'est pas moi qui leur ai parlé. De toute façon, elle n'en saura rien : elle est partie se soûler, comme d'habitude.

Les pensées défilent dans ma tête : *Je ne sais pas. Maman dit qu'on n'a pas le droit de leur parler, mais si c'est eux qui nous parlent ? Il fait chaud. Ils ont une pataugeoire. C'est eux qui m'ont parlé. Ils m'ont invitée. Je rentrerai avant la nuit.*

Par la fenêtre, je vois ces deux visages souriants qui m'invitent, leurs signes de la main, la pelouse parfaite, la pataugeoire, les jeux d'eau pour les oiseaux. On se regarde. Trois grands sourires de part et d'autre de la barrière. Communication à travers la vitre. Sur leurs lèvres, un amical : « Allez, viens ! »

D'accord. J'ouvre la fenêtre aussi haut qu'une petite fille d'à peine cinq ans peut le faire, repousse mes cheveux blonds, penche un peu la tête vers la droite et, avec mon plus beau sourire, celui dont le vieux monsieur du bureau de poste me dit qu'il est tout yeux bleus et fossettes, leur crie en retour : « Ouais, OK ! J'arrive dans une minute. »

Je referme la fenêtre avant qu'ils ne changent d'avis. Même si je souris toujours, j'ai conscience d'accomplir mon premier acte de rébellion et je me sens un peu mal. Je cours dans la salle de bains me passer le visage sous l'eau froide. Ça va un peu mieux. Je me déshabille pour pouvoir aller dans l'eau et sors de la maison par la porte de derrière, en culotte.

Quelques caisses de bière me servent d'escabeau pour grimper sur la barrière. Je bascule mes jambes et regarde dans toutes les directions, vérifiant que mes parents ne vont pas m'attraper et que je peux sauter assez loin sans abîmer les fleurs. J'y vais.

Waouh, je vole au-dessus des fleurs !

On se précipite jusqu'à la pataugeoire en riant et on reste là tous les trois, en culotte, à se sourire, attendant un signal dans le regard de l'autre. PLOUF ! Ça y est. Avec ce premier plongeon sous le soleil estival, nous voici amis. J'ai de la chance, parce que je me fais deux nouveaux amis ; tandis qu'eux, comme ils se connaissent déjà, ils ne se font qu'une seule amie.

On court dans le jardin le temps de sécher et on retourne dans l'eau. Notre petit rituel enjoué se répète avec à chaque fois davantage de rires, jusqu'à ce que la pataugeoire soit vide et la pelouse trempée. On saute sur le sol gorgé d'eau, pour le plaisir de nous éclabousser de la boue fraîche. Pendant que la pataugeoire se remplit à nouveau, on va s'allonger sur un coin d'herbe sèche, à regarder le ciel bleu électrique en faisant les étoiles de mer, bras et jambes écartés. Une ombre au-dessus de nos têtes nous fait rouvrir les yeux ; c'est leur mère avec des jus de fruits. Elle danse sur la musique de Lovers Rock, du reggae britannique. Je l'ai entendue dire : « J'aime bien, c'est gai », et elle a l'air heureuse. Elle nous entraîne dans sa danse. Elle me demande si je veux manger quelque chose et il faut croire que je réponds poliment puisqu'elle nous sert à tous du poulet épicé avec du riz et des pois. On doit aller se laver les mains. Leurs toilettes du rez-de-chaussée sentent le talc ; il y a un savon sur le lavabo et des tas de rouleaux de papier toilette, dont quelques-uns, même, dans un panier. Chez nous, on a seulement des carrés de papier journal, déchirés, posés à côté des toilettes.

Mince alors, c'est chic, ici. Lequel je suis censée utiliser ?

Je fais comme si rien ne m'étonnait et quand on me donne mon assiette, je dis « Merci » comme les autres enfants à l'école.

Ma portion est plus grande que celle des autres, j'en suis sûre. Je souris à la dame et dis « Merci » à nouveau. Elle me rend mon sourire : « Je t'en prie. » Je suis ravie de mes nouveaux amis et de leur mère. Ils doivent être très riches pour avoir du pain complet et pour manger en plein après-midi. On s'assied tous les trois sur l'herbe, en tailleur, pour manger au son de Radio 1 qui nous parvient par la fenêtre. Leur mère danse sur toutes les chansons. Je suis contente qu'ils m'aient parlé les premiers, comme ça je peux leur parler, et jouer, et manger.

Je dis que c'est chouette qu'il fasse beau depuis mon anniversaire. Ça me permet de glisser que c'était le 20 juillet, il y a deux jours. J'ai eu cinq ans. Eux, c'est en hiver. Ils sont jumeaux et ils ont quatre ans. Ils ne vont pas encore à l'école. Ils me posent des questions sur mon anniversaire. Je dis que c'était une belle journée parce que papa et maman sont restés à la maison. Personne ne me parle de fête, ce qui m'arrange. Je n'ai pas à leur dire qu'il n'y en a pas eu, même si, une fois couchée, à travers le plancher, j'ai entendu papa et maman faire la fête pour moi. Je leur dis que j'ai eu une poupée. Je ne leur dis pas qu'elle n'a pas de bras et que papa l'a trouvée dans une poubelle. Je leur dis qu'on a mangé un ragoût de bœuf aux radis, la spécialité de papa. Comme ils retroussent le nez, je change de sujet et puisqu'on a fini de manger, je lance : « Le premier dans l'eau ! » On détale tous les trois en même temps et je lèche les dernières traces de *jerk chicken*, comme ils l'appellent, une recette de leur grand-mère, autour de ma bouche. Je suis fascinée que leur grand-mère ait une recette à elle et que leur mère cuisine. Ma grand-mère n'a pas de recettes, mais elle a une boîte de bonbons, et je n'ai jamais vu ma mère cuisiner, alors je me tais.

Je ne leur dis pas non plus que le jour de mon anniversaire, j'ai entendu papa dire à maman qu'il n'avait eu aucun problème. Je savais déjà, à cette époque, que c'était une bonne nouvelle : quand papa ou maman avait eu un problème, les policiers débarquaient à la maison et repartaient le plus souvent avec l'un d'eux. Et je ne voulais pas voir les policiers le jour de mon anniversaire.

En tout cas, je n'ai pas parlé de ça à mes nouveaux amis. J'ignore comment je savais que je devais me taire. Je le savais, c'est tout.

C'est un après-midi parfait, comme la pelouse. Tellement parfait que je ne vois pas l'heure passer. Peu à peu, l'or du soleil se teinte de rouge, les insectes sortent guetter leurs proies et le charmant jour d'été se fond dans la soirée, la brise apportant un parfum de tempête. Avec la fraîcheur du soir, ma mère arrive à la maison.

De là où mes nouveaux amis m'appelaient un peu plus tôt dans la journée, je lève les yeux et la voilà. Elle est devant la fenêtre, comme moi tout à l'heure. Elle est plus grande que moi, puisque je n'ai que cinq ans et que c'est ma mère. Elle peut ouvrir la fenêtre plus vite que moi et elle ne sourit pas. Sa bouche maquillée de rouge me crie, assez fort pour que tout le monde entende :

« Qu'est-ce que tu fais chez ces connards de Noirs ? »

Je tressaille, je sais que c'est mal, cette façon de parler, la manière dont elle traite les gens. Elle me voit tressaillir.

Maman a l'air en colère. J'ai un gros problème.

Honteuse, je baisse la tête et reprends docilement le chemin de la maison. Je bafouille une excuse. Mais la famille s'est regroupée et s'éloigne déjà. Du coin de l'œil, j'aperçois la mère mettre ses enfants à l'abri dans la maison qui sent le talc. Dans ses yeux noirs, un mélange de pitié, de haine et de peur. Les oiseaux sont partis depuis longtemps. La gaieté du jardin balayée par le racisme tapageur de ma mère, comme je l'apprendrai bientôt.

Le temps que j'arrive à la clôture, elle m'attend de l'autre côté, trépignant nerveusement. L'odeur de sa cigarette flotte jusqu'à mes narines. Ici, aucune caisse ne peut me servir d'escabeau, alors je n'ai pas le choix, je piétine les fleurs.

Elle m'envoie dans ma chambre et décide de me priver d'école jusqu'à la fin du trimestre. Je resterai aider à la maison.

Je passe des heures assise à regarder par la fenêtre. Le lendemain matin, les oiseaux reviennent; deux jours plus tard, la gentille dame au *jerk chicken* a replanté des fleurs, mais il se passe des semaines avant que je ne voie à nouveau les enfants jouer dans le jardin. Quand je les entends enfin, je me précipite à la fenêtre. Le soleil danse au rythme de leurs jeux et donne à l'eau de la pataugeoire des reflets de diamant. Jamais ils ne regardent vers ma fenêtre. Jamais ils ne me proposent de revenir jouer avec eux. Jamais ils ne réalisent que, à en croire mes parents, on va encore devoir déménager, et cette fois à cause de moi, à cause d'eux. Je ne comprends pas ce qu'il y a de si affreux à jouer avec ses voisins un après-midi d'été, au point qu'on nous expulse, comme dit mon père. Je ne peux pas demander ce que tout ça veut dire, mais comme je ne vais plus à l'école, j'entends des choses à la maison. J'apprends ce que mes parents m'inculquent. D'abord, j'apprends qu'on va déménager, et ensuite pourquoi : ils me disent que c'est de ma faute, parce que je ne leur ai pas obéi. Et puis, après une demi-bouteille de whisky – ils m'ont demandé de descendre leur chercher la bouteille dans le placard de la cuisine et de les servir, eux et leurs amis –, ils se plaignent que c'est à cause des voisins que ce pays va si mal (et leurs amis confirment d'un signe de tête) ; non seulement ils prennent le travail de mes parents, mais en plus « cette sale chienne, la Noire », a lancé une pétition. Ma mère m'apprend que la gentille dame au *jerk chicken* a toujours voulu qu'on s'en aille, pour que sa famille de Jamaïque vienne vivre ici, et qu'à cause de moi, elle est parvenue à ses fins. Ma mère a dit ça et elle a craché dans l'évier.

La leçon terminée, on me demande de m'en aller et je m'éclipse vers la chambre de mon frère, toute perturbée. Si j'avais su que mon super après-midi à patauger dans l'eau, à rire et à me régaler de *jerk chicken* se terminerait comme ça, avec ma mère qui insulte les voisins et mon père qui range les affaires dans le landau en soupirant ; si j'avais su qu'un après-midi de jeux aurait ce genre de conséquences, qu'on n'irait quasiment plus à l'école pendant des mois, à force de déménager, je n'aurais pas ouvert la fenêtre. J'aurais détourné ma curiosité vers son objet premier et continué à me demander ce que pouvait bien cacher cette penderie. Je serais restée là, bouche bée, jusqu'à ce que l'ennui me chasse ou que la tentation me pousse à ouvrir la porte. Si j'avais su ce qui allait arriver, que les quelques mois suivants seraient ma faute, j'aurais tourné le dos à la fenêtre. Au lieu de cela, j'ai accepté une invitation de mes voisins qui m'a valu une bonne leçon sur les subtilités des rapports sociaux. Une vraie leçon sur les joies et les désillusions d'une petite fille blanche qui voulait devenir amie avec des Noirs à Hackney, durant l'été 1979.

Taxis noirs, 1979

Un taxi est garé devant la maison. J'entends le drôle de bruit du moteur au ralenti. Une voix d'homme en colère. Je regarde par la fenêtre de la chambre ; cette nuit, j'ai dormi seule parce que papa et maman étaient sortis.

C'est un taxi noir, de West End. Maman titube sur le trottoir, ravagée par l'alcool, ses chaussures rouges à la main, pas du tout à son avantage dans la lumière du matin. Le chauffeur est sorti de son taxi et n'a pas l'air content :

« Vous allez me payer la course, sinon j'appelle les flics. »

Maman est toute mielleuse. Elle lui touche le bras. Je me crispe. Il la repousse. Je me détends un peu.

« Écoutez, ma petite dame : dernier avertissement. » Il tend la main, la paume vers le haut. « Mon argent. »

Il la regarde de pied en cap. Maman prend sa voix distinguée, celle qu'elle utilise la plupart du temps avec les hommes, et lui décoche un sourire.

« Je n'ai pas d'argent. La nuit a été compliquée, vous savez. » Elle baisse les yeux. Petit mouvement des hanches. Elle sourit et s'adresse à lui d'une voix douce : « On peut régler ça d'une autre manière... »

Le visage du chauffeur vire au rouge. Il est tellement en colère que son nez devient violacé. Il n'a pas apprécié.

«J'appelle les flics.»

Maman change d'attitude en un instant. Son dos se cambre et elle se retourne vers la maison en maugréant.

«Aaaah, allez vous faire foutre! Tous les mêmes! Fichez-moi le camp!»

Elle se retourne vers lui et agite ses chaussures rouges dans sa direction. Il recule d'un pas, dans le doute. Les bas de maman sont filés et sa coiffure, plus aussi parfaite qu'hier soir lorsqu'elle est sortie. Malgré cela, quand les rideaux bougent aux fenêtres des maisons d'en face, elle se redresse et monte les marches en roulant des hanches, laissant la porte de la maison ouverte derrière elle. Le chauffeur de taxi se met à crier: «Donnez-moi mon fric! — Ta gueule, connard», répond ma mère sur le même ton. La voilà dans l'escalier, à débiter des insanités pour elle-même. Le chauffeur finit par abandonner et partir.

«Hope, où est ton père?» crie-t-elle.

Je quitte mon poste d'observation et descends lui répondre qu'il n'est pas encore rentré. En un rien de temps, le chauffeur de taxi est de retour, accompagné d'un policier.

«Madame, vous devez payer votre course.

— Allez vous faire foutre, c'est un menteur. Je suis allée nulle part.»

Le chauffeur de taxi hurle, ma mère hurle, le policier essaye de convaincre ma mère de payer.

«Dernière chance. Vous payez ce monsieur ou je vous embarque.

— J'en ai rien à foutre, faites c'que vous voulez, je paierai pas ce connard.

— C'est bon, calmez-vous et suivez-moi, vous connaissez le chemin.

— Et les gosses ? crie ma mère. Vous allez les laisser tout seuls ? Hope ! Occupe-toi de tes frères, je m'fais embarquer à cause de ce connard de menteur. »

Je regarde le policier, l'implorant en silence d'arrêter tout ça. Embarquez-la, si c'est ce que vous voulez. Il me regarde : « Hope, je sais que tu es une gentille petite fille. Tout ça n'est pas ta faute. »

Je fonds en larmes. Je veux qu'il soit mon père, qu'il m'emmène loin de ce trou à rats qui me sert de maison. *S'il vous plaît, s'il vous plaît*, le supplié-je dans ma tête.

« Ça ira, merci », dis-je simplement.

Ma mère fait une scène au policier qui essaie de l'emmener. Elle s'accroche à la rampe. « Allez vous faire foutre ! » crie-t-elle. Les rideaux des voisins s'agitent à nouveau.

Je me bouche les oreilles. *Allez-vous-en, allez-vous-en. Je vous déteste, je vous déteste*… Ma tête me fait terriblement mal, les cris et les disputes continuent, le policier appelle des collègues. J'ai envie de me précipiter dans ma chambre, mais je ne veux pas abandonner ma mère, et des sentiments contradictoires m'envahissent. Je crie en silence : *Laissez-la tranquille !* Puis l'instant d'après : *Emmenez-la avec vous !* D'autres policiers arrivent, la ceinturent et la jettent à l'arrière de la fourgonnette. Ils s'en vont sans se retourner.

2

Le landau

Nouveau déménagement, 1979

On déménageait beaucoup quand j'étais petite. Je revois mon père dans ses plus beaux vêtements, sa solide silhouette bien campée, en train de pousser le landau où étaient empilées toutes nos affaires. Une télévision, une valise, un tapis, des bouteilles et quelques jouets entassés dans un équilibre précaire. Papa se pressait dans la rue, suivi par ma mère qui traînait mes deux petits frères en titubant, et je savais : on déménageait.

Ce jour-là, c'est différent. Les grandes vacances viennent de se terminer. Mon école est juste au coin de la rue. Ce que je préfère à l'école, c'est qu'on y mange tous les midis. Alors ce matin, en regardant par la fenêtre de la classe juste avant l'heure de la cantine, je n'avais aucune envie de voir ma famille, avec le landau, venir me chercher. Au moment où ils tournent le coin de la rue, une foule de voisins braillent dans leur sillage, comme à chaque fois qu'on déménage. Ils ne vont jamais jusqu'au portail de l'école, ils attendent de l'autre côté de la rue, en fumant et en buvant. J'ai déjà vécu ça quand on allait chercher Phillip à l'école. Maintenant que je vais à l'école moi aussi, je comprends ce qu'il ressentait. Je m'enfonce dans ma chaise, à moitié sous le pupitre, mais je les vois toujours. Ils vont rester là, en face du portail, jusqu'à ce que mon grand frère, ou bien la police, les repousse un peu plus loin de l'école. Je sais que je dois les rejoindre avant l'arrivée de la police, sinon je vais me perdre.

Par bonheur, on ne reste jamais assez longtemps à l'école pour que mes copains sachent que ce sont mes parents. Les enfants se moquent d'eux :

« Eh ! Des bohémiens ! »

« Regardez comment elle est habillée ! »

Les gens préfèrent changer de trottoir. Mes parents fument et jurent comme s'ils n'avaient rien d'autre à faire en attendant la sortie de l'école. Mais cette fois, maman n'est pas là. Mon père se démène tant bien que mal avec le landau et mes deux petits frères. J'attends. Je regarde l'horloge sans comprendre ce qu'elle indique.

La cloche sonne dans combien de temps ?

L'institutrice me regarde furtivement puis observe la scène par la fenêtre. Elle nous demande de rester tranquilles, de terminer notre travail. Elle me regarde à nouveau, avec cette même expression qu'a l'épicier quand il me voit.

Que signifie ce regard ? Oh, papa ! Je n'arrive plus à tracer mes lettres…

Je regarde mon père. Il ne fume pas. Il se tient simplement là, les yeux dans le vide. Et puis il se met à jouer avec les garçons. Partie de cache-cache autour du landau. On court. On crie et on rit.

La leçon à peine terminée, je me dépêche de sortir. À l'heure du déjeuner, le portail de l'école est ouvert. Je cours à travers l'attroupement des mères venues attendre leurs enfants. De l'autre côté de la rue, papa attend lui aussi, à nouveau calme.

« On déménage, papa ? Où est maman ? Qu'est-ce qui s'est passé ? Où est-ce qu'on va habiter, papa ?

— Ferme-la, Hope, on y va. Pourquoi est-ce que tu poses toujours autant de questions ? T'es pas fichue de m'écouter sans poser de questions ! Allez, bouge tes fesses ! »

On repart en sens inverse, dépassant le groupe de voisins puis notre maison. Sur la porte, plusieurs lettres sont peintes, mais je n'arrive pas à les relier pour leur donner un sens. Elles sont de couleur rouge. Je connais ces lettres. Je les lis une par une : j'essaierai de m'en souvenir pour demander à Phillip ce que ça veut dire. D-É-G-A-G-E-Z.

On marche. Papa garde la tête haute, et nous aussi. Il fait fi des « Bon débarras ! » qui fusent de l'embrasure des portes et on le suit en file indienne, indifférents nous aussi. De temps en temps on entend : « Pauvres petits bouts de chou » ou « Ils sont si maigres… Quelle vie pour un enfant ? Vous devriez avoir honte ! »

On fait de notre mieux pour ne pas rester à la traîne, nos petites mains sales accrochées au landau de peur de ne pas pouvoir suivre le rythme. Les yeux plantés droit devant, concentrés sur le bout de la rue, on court à moitié à côté de papa qui nous emmène en silence vers notre nouvelle maison à travers les ruelles plus calmes de Hackney. On ne sait pas où on va, mais papa le sait, lui.

Papa a été abandonné quand il était petit. Un jour, il me l'a dit. Souvent, il va sur les marchés vendre des objets volés, toujours bien habillé, avec une vieille valise noire qui déborde de toutes sortes de choses le matin et se vide au fil de la journée. Phillip traîne toujours dans les parages, faisant semblant de ne pas connaître papa mais guettant le moindre signe de l'arrivée de la police. Parfois, je me cache pour les observer et en prendre de la graine. Un jour, j'ai entendu un homme dire à mon père : « Vous avez fait du colportage un art de la survie ! » Alors je sais que je suis à bonne école. Il vend tout ce qu'il trouve et est toujours aussi excité, la veille d'aller écouler sa marchandise à un coin de rue, sans autorisation, avec mon frère qui veille au grain.

Je ne sais pas si mon père a jamais exercé un métier légal. Je ne suis pas certaine qu'il en serait capable. « Mon boulot, c'est de m'occuper de vous et de votre mère. Un boulot à plein temps dont j'peux être fier. Vot' mère n'a pas à se plaindre. »

Un marginal toujours à l'affût d'une bonne affaire qui se présente. Cherchant à ne jamais attirer l'attention. Soucieux de subvenir à nos besoins, quand il le peut. J'adore mon père – contrairement à ma mère, il s'intéresse à moi. Ses intentions sont louables. À sa manière, il essaie de nous faire plaisir, même si c'est en volant.

Tandis que l'on marche, je nous compte et je vérifie tout. Papa a dit que c'était une grande responsabilité de l'aider à déménager, alors je prends ça très au sérieux. Je me glisse entre notre cortège et le mur pour ne pas être vue par les voisins ou mes amis. Puis je vérifie que papa n'a pas oublié mes affaires, ma couverture et ma Barbie sans bras. C'est bon, elle est là. Ses jambes dépassent du landau. Ensuite, je nous compte. Les uns après les autres, en disant les noms. Je commence par moi : j'ai cinq ans et demi ; puis Jack, qui a deux ans et quelques et qui est sur les épaules de papa qui pousse le landau. Le landau chancelle. Jack ferait mieux de marcher. Jack ne tient son prénom de personne en particulier, alors je passe à Harold. Il a bientôt quatre ans et s'appelle comme le héros de papa. Le jour où un certain Harold Wilson a démissionné, papa était très en colère. Il a dit qu'on courait à la catastrophe. Je sais pas trop où c'est, mais apparemment, on y va. Papa et maman crient souvent que ce pays court à la catastrophe. J'espère qu'on n'y va pas tout de suite. Ensuite, je passe à Phillip. Il a douze ans de plus que moi. Il sait lire ET écrire. Il porte le prénom du mari de la reine. Papa l'aime bien parce qu'il dit des bêtises – le mari de la reine, pas mon frère. Mon frère est très sérieux, lui. Mais il n'est pas là. Je me retourne vers notre ancienne maison pour voir s'il arrive.

Où est mon frère ? Où est maman ? Est-ce qu'ils sont blessés ? Oh merde, est-ce qu'ils sont blessés ?

« Papa ?

— Tais-toi, Hope. »

Est-ce qu'il va rester tout seul ? Est-ce qu'il va nous trouver ? Il est peut-être avec maman, ou peut-être qu'elle est encore partie. Combien de temps il faut qu'on marche ?

Je croise le regard de mon petit frère de trois ans, la main droite serrée sur le landau derrière lequel il court. On est tous fiers d'aider papa à déménager. Des gens nous regardent, d'autres détournent les yeux. Aucune chance de dire au revoir à mes amis, même si papa dit que c'est inutile. À chaque fois qu'on s'en va, il me dit que ce ne sont plus mes amis : c'est à cause de leurs mères si on doit partir. D'après maman, c'est la faute de beaucoup de gens. Ce soir, quand on sera arrivés et qu'on aura servi un verre à mes pauvres parents, maman nous dira à cause de qui on a dû s'en aller, qui est venu fourrer son nez dans ses affaires. Cette sale chienne, la noire, et cet autre qui prend le travail de papa. Je ne comprends pas, parce que papa n'a jamais eu de travail, et qu'il n'y a pas de chiennes noires dans le quartier, juste une drôle de chienne blanche avec une grosse truffe. En tout cas, ce déménagement, c'est comme d'habitude et en même temps c'est différent. Il n'y a pas Phillip. Ni maman. Du jour au lendemain, mes amis ont décidé de ne plus être mes amis. Je leur dis « Salut » quand on se croise, mais ils ne me regardent même pas.

Où est maman ? Où est Phillip ?

On marche. Les beaux habits de papa ne font plus illusion. Tout ce que je sais, maintenant, c'est qu'on a été expulsés, forcés de partir à cause de maman. J'ai la gorge et l'estomac noués. La honte. Ce sentiment, à nouveau. À cette époque, je ne savais pas pourquoi on déménageait sans cesse. Mais au moins, ils nous emmenaient.

Princess Lodge, 1979

On n'avait encore jamais vu de portail aussi grand. De chaque côté, un énorme poteau en pierre rouge deux fois plus haut que papa. Ils sont tellement grands que je dois me pencher en arrière pour les voir en entier. On a marché jusqu'ici en poussant le landau, et nous voilà, papa, Harold, Jack et moi, en bas d'une tonne de marches, le nez en l'air. Je vérifie le landau une dernière fois, pour être sûre que rien n'est tombé par terre entre Hackney et Bethnal Green. Je l'ai surveillé de près. Parfois de trop près. Je me suis cognée deux fois! La première, c'était par erreur, mais comme tout le monde a bien rigolé, la deuxième fois, je l'ai fait exprès, à la Charlie Chaplin. Maintenant qu'on est arrivés, ma mission est terminée.

La maison en impose. On dirait presque un château de conte de fées, comme dans les livres de l'école. Je ne sais pas encore lire, mais je regarde les images. De gros blocs de pierre rose, tout sales, avec d'immenses fenêtres où, un instant, il me semble apercevoir des enfants qui nous regardent. Ça a l'air sale, mais je ne veux pas y penser pour ne pas gâcher mon rêve. J'aime bien les fleurs dans certains buissons: des roses, roses et blanches. Le soleil brille dans un ciel bleu de fin d'été. Je suis contente, parce que papa nous a emmenés dans un endroit extraordinaire.

Comme je sais compter, je compte les grandes fenêtres au milieu de la façade: il y en a trois, et pour chacune, deux pans de vitre presque aussi hauts qu'un bus. Cette rangée est juste sous le toit; le toit s'avance et il y a deux autres fenêtres qui dépassent du toit – avec seulement un pan de vitre, mais ça ressemble un peu à un château. Au rez-de-chaussée, il y a deux grandes fenêtres en demi-cercle qui forment une avancée, et une porte jaune vif. On a beau être fatigués, on bondit d'enthousiasme.

«Waouh! On va vivre ici, papa?

— Oui, Hope, je te présente Princess Lodge. Ta nouvelle maison. Juste pendant quelque temps. Il y a d'autres familles qui vivent ici, c'est tellement grand…

— Oh, papa, c'est génial!

— On partagera la même chambre, mais ça ira.

— Papa ? Est-ce que maman et Phillip viennent aussi ?

— Maman sera là demain. »

Mon ventre se noue. J'aurais voulu rester seule avec lui et les garçons. Si maman revient, ça va tout gâcher. Il ne parle pas de Phillip, et je n'insiste pas.

Une semaine ou deux après, Jack et moi jouons dans le salon avec deux nouveaux amis qui habitent aussi à Princess Lodge. Avant notre arrivée, ils ne savaient pas que ça s'appelait comme ça, ils utilisaient un autre nom. Mais papa ne peut pas se tromper, puisque c'est lui qui nous a emmenés ici. Il y a plein de pièces dans lesquelles on ne peut pas entrer sans autorisation. Les familles ont le droit d'aller dans leurs chambres, et tout le monde a le droit d'aller dans les pièces communes. Dans le salon, il y a un grand volet roulant qui est levé et redescendu chaque matin. Je commence à aimer le bruit du volet qui se lève : derrière, il y a quelque chose qui s'appelle un « magasin de friandises ». En vrai, ça veut dire des bonbons et des chips pour moi et les autres enfants.

La première fois qu'ils nous font visiter la maison, on la découvre surtout depuis les longs couloirs et l'extérieur. On glisse sur la rampe, ce qui nous vaut des ennuis, on fait des allers-retours dans tous les escaliers, et puis on descend l'escalier de service qui mène à la cuisine. On joue dans l'ascenseur – première fois que j'en vois un. Je n'ai jamais vu un endroit aussi grand avec une seule porte d'entrée. Les tours de Hackney sont grandes, mais il y a plein de portes d'entrée et de petites fenêtres. À Princess Lodge, une fois qu'on est à l'intérieur, on n'a plus besoin de ressortir. C'est pratique, parce que maintenant les feuilles des arbres se mettent à tomber et il commence à faire frais, même quand le soleil brille. Les fenêtres du toit, ce sont celles du grenier, et on n'a pas le droit d'y aller. C'est là qu'ils gardent des affaires de rechange. Je ne sais pas trop ce que c'est, mais ça veut dire que les propriétaires de cette maison doivent être très riches, vu qu'ils ont des affaires en trop et qu'ils les laissent prendre la poussière au grenier.

Il y a des sorties de secours à chaque étage. Le premier jour, un homme qui s'est présenté comme le directeur nous a montré où elles se trouvent. Le salon est au rez-de-chaussée. Toutes les familles ont le droit d'y aller. Je vais y jouer avec mes nouveaux amis dans la journée et les adultes y passent la soirée.

Ma mère est arrivée un jour après nous, comme papa avait dit. À chaque fois qu'on est dans le salon, elle surgit sur ses talons aiguilles, titubante, les jambes nues. Elle me demande où est mon foutu père et s'en va en claquant la porte. L'atmosphère change après son passage. Mes amis restent bouche bée, le regard perdu dans son sillage. Elle laisse derrière elle une odeur de parfum mêlée d'alcool qui m'écœure un peu.

Notre chambre se situe juste au-dessus du salon. Malgré la taille de cette maison, on entend maman crier sur papa. Je n'ai plus tellement envie de m'amuser. Je préfère aller regarder par la fenêtre, laissant Jack jouer avec nos deux nouveaux amis qu'on ne connaîtra pas très longtemps. Je m'assois dans ce qu'on m'a dit s'appeler le bow-window. Je referme le lourd rideau vert pour m'aménager une tanière et essayer d'occulter les cris au-dessus de ma tête. La dispute entre mes parents recouvre les bruits paisibles de la maison. C'est comme une tornade qui traverse les murs et électrise l'atmosphère. Je me bouche les oreilles et observe l'arrivée de l'automne, les nuages qui s'amoncellent.

Pauvre papa, il veut juste dormir. Il a veillé tard avec ses amis. Ils n'ont pas pu aller au pub, puisque Princess Lodge ferme ses portes à 22 heures. Quand il nous a couchés dans la chambre commune, il nous a dit pour la première fois de sa vie où il allait: «Je serai juste en bas.» On n'aurait qu'à crier en cas de besoin. Il allait boire quelques bières, peut-être un peu de whisky, avec ses nouveaux amis. Il ne voulait pas nous laisser seuls, mais la journée avait été difficile, alors il méritait bien ça. Il veut se faire des amis, comme nous. J'ai compté vingt familles dans la maison, alors papa devrait y arriver, avec un peu de chance. Chaque famille a sa propre chambre, avec des lits et des draps propres. Je partage le mien avec Jack, mais ça ne me dérange pas, parce que c'est un vrai lit, pas un matelas, et notre couverture est plus épaisse que les draps qu'on a chez nous. Les draps sentent le frais, pas le pipi, mais ça ne va pas durer.

Oh non... Il faut pas que le directeur apprenne que j'ai fait pipi au lit.

Les gens ne restent pas longtemps à Princess Lodge, juste le temps de régler leurs problèmes. Les copains de papa disent que c'est un abri de marins. Je lui demande ce que ça veut dire.

«La ferme, Hope!» me crie-t-il.

Ma nouvelle amie admet enfin que mon père a raison: cette maison s'appelle bien Princess Lodge. Mais évidemment, il faut que son père ait raison sur quelque chose, lui aussi. Alors elle me dit que Princess

Lodge, d'après lui, est un endroit pour les marins qui n'ont nulle part où aller. Ça me perturbe un peu, parce que les marins ont toujours leur bateau, non? Il faudra que je demande à papa. On est bien, ici. Seulement, ce n'est plus chez nous. C'est juste une chambre dans une maison qu'on partage avec d'autres gens qui n'ont pas de maison. Ceux qui vivent toujours chez eux ne veulent plus qu'on vive chez nous. Papa dit que ce sont des fouineurs qui feraient mieux de s'occuper de leurs affaires. Quand maman arrive, je me demande ce qu'elle va dire de nos anciens voisins.

Pas grand-chose, en fait : elle en a beaucoup plus à dire sur papa. Après leur dispute, il sort pour aller se calmer. Maman passe le reste de la journée à boire dans le salon. Elle aussi s'est trouvé une nouvelle amie. Elles passent la journée à boire. Elles s'amusent bien, éclatent de rire et enfument la pièce. Nous, les enfants, on obéit et on va se faire foutre. On va jouer dans le couloir et les escaliers.

Il fait déjà nuit quand papa revient. Il nous demande d'aller avec lui à la cuisine. À sa tête, je vois qu'il est tout excité et content de lui. Dans le salon, maman ricane : elle espère qu'il a rapporté de l'alcool. D'un haussement de sourcils et d'un sourire, il essaie de la convaincre de le suivre. Mes frères et moi, déjà perchés sur les tabourets de la cuisine, on observe le sac en plastique aux rayures bleues et roses que papa a rapporté. On l'observe en silence, jusqu'à ce qu'elle arrive. Personne n'ose parler. Mon père en fait un tel événement que d'autres personnes nous rejoignent. On est tous impatients, même ma mère. Papa est sorti se calmer, comme sa gentille petite femme lui a demandé, et voilà le résultat, devant nous. Il l'appelle toujours comme ça. Je ne vois pas ce qu'elle a de gentil.

Il prend un coin du sac en plastique, le soulève et en secoue le contenu. Dans un froissement et un bruit sourd, un poulet tombe sur la table. Un poulet entier. Pour nous. Papa se tient bien droit, tellement fier de lui. Maman en oublie sa nouvelle amie, à qui elle restait collée, et court embrasser papa. Papa est encore plus fier. Il jette ses bras autour de sa taille et ils s'embrassent, genre un vrai roulage de patin. Du coup, nous les enfants, on se met à danser dans la cuisine. On crie et on sautille comme des guerriers indiens, notre père est allé à la chasse et nous a rapporté à manger !

On danse et on rit, on s'incline devant le poulet puis devant notre père, le grand manitou, le chef de famille, de plus en plus excités en pensant à nos estomacs. On danse et on rit, sans même remarquer que les autres familles s'éloignent en silence. On bondit de joie, tellement heureux, jusqu'à ce qu'on en ait marre de jouer aux Indiens, de faire comme si papa était le chef de la tribu et maman sa squaw. Pour une fois, on n'est pas obligés de faire semblant. On le vérifie une dernière fois : la masse rosâtre sur la table est bien réelle. C'est un poulet. Il est à nous. Dîner. Demain. Princess Lodge nous apporte déjà ses bienfaits.

Papa et maman se couchent tôt. Ils disent qu'ils ne peuvent pas vivre l'un sans l'autre, que ça va s'arranger, ce genre de choses. Des bruits de rires nous parviennent de la chambre jusqu'au salon. Ce soir, pas de dispute. On a le droit de jouer plus tard que d'habitude ; et pour une fois, papa et maman se couchent tôt.

Le départ de Princess Lodge a lieu dans la précipitation. Un jour de chaos. Le lendemain de la disparition du poulet. On ne l'a même pas mangé. Quelqu'un nous l'a volé. Maman a piqué une colère. Elle est partie en furie, nous laissant avec papa.

L'alarme incendie hurle à tue-tête. Papa nous secoue pour nous réveiller dans nos lits chauds et confortables.

En un clin d'œil à peine, Harold, Jack et moi passons du rêve à l'état d'alerte. Phillip n'est pas là. Il nous a rejoints à Princess Lodge au bout de quelques jours, mais il s'en va assez souvent. On est réveillés, maintenant, mais mes yeux me piquent. J'ai envie de les fermer. Je les frotte. Ça ne change pas grand-chose. J'ai du mal à respirer. Tout le monde tousse. L'air est sec et chaud, ça me brûle la gorge ; on dirait du pain grillé.

« Levez-vous tout de suite ! Y a le feu ! Levez-vous ! Hope, aide tes frères. Mettez tout là-dedans. Allez, vite ! »

On est dans le noir. Papa n'a pas allumé la lumière. Malgré l'obscurité, je vois de la fumée tourbillonner entre les lattes du plancher. La chaleur se glisse entre mes orteils et caresse mon pied. Une odeur de brûlé me monte aux narines et s'immisce dans ma peau par tous les pores. Du haut de l'escalier dont on dévale chaque jour la rampe de chêne, le cri d'une femme nous parvient et nous transperce. Malgré la chaleur, je frissonne. Plusieurs portes de chambres s'ouvrent simultanément dans un même grincement, puis se claquent toutes seules, alors que des pas se pressent vers l'escalier. Ils passent devant notre chambre et descendent les marches. Des gens et des pieds qui se bousculent, avec des « Oh mon Dieu ! » et des « Allez ! Allez ! ».

La panique, le chaos des autres gens commencent à nous saisir. Harold, qui ne pleure jamais, choisit ce moment-là pour s'y mettre. J'essaie de rester courageuse tandis qu'on fourre toutes nos affaires dans des cartons. Malgré la fumée, malgré la peur, on se concentre sur la tâche que papa nous a confiée. Près de nos lits, la bouche béante du landau attend sa cargaison.

« Emportez tout ce que vous pouvez. Mettez-vous ça sur le visage. »

La porte s'ouvre et le gardien apparaît, jetant un regard accusateur à mon père.

« Qu'est-ce que vous fichez ? Sortez de là. Tout de suite ! Attention où vous mettez les pieds. Oubliez ce foutu landau et vos cartons. »

Dans la précipitation, on arrive à emporter les cartons. Je tiens ma poupée sans bras de la main droite et traîne mon carton de la gauche. On reste tous calmes. On ne discute pas les décisions de mon père : on sait qu'il faut emporter tout ce qu'on peut, sinon ce sera l'enfer. Nous voilà au rez-de-chaussée, puis dehors. En sécurité. Un camion de pompiers est arrivé. Plusieurs pompiers s'activent. Un homme appelle des renforts par radio. Un autre nous demande de nous éloigner.

« Allez là-bas, au bout de l'allée. »

Cette fois, on obéit en suivant la direction qu'il pointe du doigt.

« Tout le monde est sorti ? »

Personne ne répond à la question posée d'une voix fatiguée. On n'en sait rien, on s'est réveillés en catastrophe, inconscients de l'ampleur du problème. Ce n'est qu'après nous être frotté les yeux, nos draps serrés autour de nous, nos sacs à la main, que l'on remarque la lueur orangée sur le sol, entrecoupée de longues ombres. Je lève la tête : tous les résidents ont les yeux rivés sur Princess Lodge. Le visage livide, ils ont enfilé tout ce qu'ils avaient et emporté ce qu'ils pouvaient. Des adultes, des enfants, le gardien. Tous regardent dans la même direction. Sentant de la chaleur sur mon crâne, je me retourne pour voir ce qu'ils contemplent. Princess Lodge est engloutie. Le feu jaillit des bow-windows et lèche goulûment la façade.

Les flammes bondissent dans le ciel nocturne sans nuages. Malgré l'incendie, il fait froid. Le gel commence à mordre le bout des feuilles que j'ai vues passer la semaine dernière du vert au rouge et à l'orange.

La peur me saisit à nouveau.

Où est maman ?

Je n'arrive pas à détacher les yeux de la maison. Les flammes ont maintenant atteint notre chambre : elle disparaît dans un vacarme tonitruant. Je regarde autour de nous. Ma mère n'est pas là. Je ne comprends pas : avant de m'endormir, je me rappelle l'avoir entendue. Elle criait, ivre, toujours à la recherche de celui ou celle qui avait volé le poulet. J'ai peur de demander, de connaître la réponse. La gorge nouée, je prends la main de mon père. Il me regarde avec un petit sourire triste, alors je trouve le courage de poser la question :

« Papa, où est maman ?

— Elle va bien, ne t'inquiète pas, Hope. On va la retrouver. Elle est partie chez un ami. Tout le monde a pu sortir. »

Les gens qui vivaient en face de chez nous l'entendent dire cela et tournent la tête. Le père s'avance – je ne connais pas son nom, mais je sais qu'il boit avec mes parents dans le salon de Princess Lodge. Il regarde papa dans les yeux et crache par terre, juste à côté de mon pied nu, tout noir, et des chaussures de papa. Papa ne réagit pas. Il se contente de le fixer en retour et serre ma main plus fort. L'homme s'en va sans lâcher mon père des yeux. Je n'aime pas son expression, alors je regarde le crachat sur le sol, qui dégouline vers papa. J'ai envie de le prévenir, mais je n'en fais rien. Je sens la chaleur de l'incendie se propager vers nous et pour la première fois, je remarque que l'empeigne des chaussures de papa est détachée des semelles. Il y a un trou à la place de la couture.

Mon père se dandine d'un pied sur l'autre. Sans maman, il est perdu. Incapables de détourner les yeux de l'incendie, Harold et Jack s'agrippent à ses jambes. Un de chaque côté. Papa me tient toujours la main par-dessus la tête de Jack. Je me serre contre eux. On reste là un moment à regarder les flammes serpenter à travers les fenêtres de l'étage et mordre le toit en surplomb, là où nichent des hirondelles. On a passé des heures à observer cet endroit, espérant voir les oisillons pointer leur tête pour recevoir la becquée. Je lève les yeux.

Le couple d'hirondelles volette entre les flammes, essayant désespérément d'atteindre leur nid. Elles semblent apeurées, mais déterminées. Je vois leurs cris de détresse. Je sais ce que ça veut dire. Les bébés hirondelles ne savent pas encore voler. Il y en a trois. Les parents fondent vers la fournaise et parviennent à échapper aux flammes. Après un dernier piqué, comme un artiste tire sa révérence, ils disparaissent dans la nuit, seuls mais ensemble. Une larme s'échappe sur ma joue ; je m'essuie le nez du revers de la main, elle me revient couverte de morve et de suie.

Les bébés hirondelles vont être engloutis par un ballet crépitant de flammes.

Un nouveau rugissement de sirènes se fait entendre, arrivant dans notre direction. Papa se réveille alors, comme sorti d'une transe. Il me lâche la main, secoue doucement les jambes pour se libérer des garçons, saisit sa valise en silence. D'un signe de tête, il nous invite à l'imiter. À notre tour, on prend nos affaires et on le suit, franchissant le majestueux portail sans nous retourner et sans un mot.

On fait de notre mieux pour avancer, sans l'aide du landau ni de maman. Alors que les sirènes se rapprochent, papa nous pousse dans les buissons, juste avant que les pompiers ne tournent au coin de la rue. Pendant un instant, les gyrophares jaunes et bleus illuminent les visages de Harold, Jack et papa. Les garçons sont fascinés, mais papa a l'air inquiet. On reste accroupis, cachés, longtemps après le passage en trombe de quatre ou cinq autres camions de pompiers et deux voitures de police. Je commence à avoir des crampes et j'ai besoin de faire pipi.

« Pourquoi on se cache des pompiers, papa ?

— Eh ben, Hope, c'est ta mère, tu vois… Elle a… »

Il se masse le visage, comme s'il voulait chasser quelque chose de son esprit. Quand il se remet à parler, tout sort d'un coup. C'est presque aussi rapide que les camions de pompiers, et j'ai du mal à suivre.

« Les gars, là-bas, ils ont dit que ta mère a mis le feu aux rideaux. À cause du poulet, quelqu'un a volé le poulet. Le gardien a dit tout un tas de trucs sur ce qu'elle… enfin… sur ta mère. C'est pour ça qu'elle est partie, elle a pris l'issue de secours. Il fallait qu'on parte avant l'arrivée de la police. »

Il est assis par terre avec nous dans les fourrés, les bras autour des genoux. Il penche la tête et se masse les yeux, lentement, se presse les tempes, repousse la pression. Je me relève tant bien que mal et m'avance à travers un buisson dont les petites branches me griffent les jambes pour le prendre dans mes bras. Je reste accroupie contre lui, à lui tapoter le dos de mes petites mains, le visage enfoui dans son cou. Et puis je sens qu'il prend une grande inspiration et se redresse. Prêt à repartir, il rompt le silence :

« Allez, les enfants, on va pas passer la nuit ici. Ça vous dit de partir à l'aventure ? En route, allons chercher votre mère ! »

Je me lève en bâillant. On manœuvre pour sortir des buissons ; une tâche plus délicate que d'y entrer. Mon père se met à marcher d'un drôle de pas – comme Charlie Chaplin, il nous dit – et à chanter. Il nous fait rire et on trottine derrière lui. Il suivrait ma mère n'importe où, sans se poser de questions. Et moi, je le suis.

Lettre à Lily

Janvier 2011

Chère Lily,

Je suis ta grand-mère et j'éprouve le besoin de te protéger, d'assurer ta sécurité. Mais j'aurais pourtant bien du mal à te mettre en garde contre les étrangers. Quand nous étions enfants, la gentillesse des étrangers nous a aidés à survivre. Cette communauté bigarrée comprenait mieux les valeurs familiales que nous, ce qui ne manque pas d'ironie étant donné le racisme bien enraciné de ma mère. Ce sont eux qui m'ont recueillie, qui se sont souciés de nous. À mon avis, ils devaient croire qu'on n'avait même pas de toit. Sauvages et libres, on avait tout de ces «enfants de la rue». Dans quelques rues de Hackney, il nous suffisait de décocher un sourire malicieux pour que l'on nous prépare un sandwich au jambon. Avec du pain complet: on se disait qu'ils devaient être très riches! Plus tard, lorsque j'en préparais pour ta mère et ton oncle quand ils étaient petits, ça me faisait toujours sourire intérieurement.

Le vendeur de kebabs nous donnait toujours un supplément de salade, sans qu'on lui demande rien. Les voisins partageaient un plat de jerk chicken, *avant que ma mère et son racisme ne s'en mêlent. Les gens se faisaient un plaisir de nous nourrir quand ils le pouvaient.*

Pendant l'hiver 1979, nous avons beaucoup déménagé. Nous ne restions jamais plus de quelques nuits. Maman était souvent partie, et ça n'a pas dû être facile pour mon père de survivre. Il n'y avait pas de travail, pas d'argent. Il buvait à la première occasion. Je ne suis pas allée beaucoup à l'école et, autant que je m'en souvienne, nous n'avons pas eu la visite d'une assistante sociale. C'est papa qui a dû aller les voir.

On dormait souvent dans les bed & breakfast de Finsbury Park. Comme maman n'était pas là, je pouvais discuter avec les voisins du dessous.

Quand je la vois pour la première fois, elle joue dehors, dans la rue, devant le B&B. Ça fait seulement quelques jours qu'on est là. Moi, je suis dans l'escalier ; un pied sur une marche, l'autre sur celle du dessus, la main sur le mur en pierre gris ; je compte les failles dans le crépi tout en la regardant du coin de l'œil.

Elle a dessiné une marelle à la craie. Sans se parler, on finit par jouer ensemble.

Elle est si *exotique.*

J'ai entendu un homme utiliser ce mot au marché, en parlant des ananas et des noix de coco. J'avais volé un ananas pour notre petit-déjeuner. Ça piquait.

Elle a des bracelets dorés aux poignets, des tas de bracelets.

« Ils sont cool ! »

Elle hoche la tête. Elle a de grands yeux noirs et une peau brune parfaite. J'apprends qu'elle habite juste en dessous de chez nous.

Après cette première rencontre, je vais souvent toquer à sa porte pour jouer avec ma première véritable amie. Je n'en parle pas à mon père, mais ça m'embête, parce que j'aurais vraiment envie de lui dire qu'elle est super. Son père est aussi gentil que le mien. Mais il est aussi très différent. Il cuisine.

Il me laisse entrer chez eux, qu'elle soit là ou pas. Sa famille est très accueillante. Cette odeur d'épices qui vient de leur logement m'attire, pique ma curiosité. Je toque à la porte, j'entre, je joue avec un bébé. Comme chez nous, on dirait qu'il n'y a pas de mère. Mais chez eux, c'est calme, tranquille, un havre de paix. Des mondes séparés, à bien des égards, mais ils sont vraiment gentils.

« Entre, Hope, entre… Viens m'aider.

— Qu'est-ce que tu fais ?

— Des chapatis. Tiens, prends ceci… Mélange ça… Mets ça à cuire… »

C'est amusant d'aider à préparer les plats dans le coin cuisine, sur une gazinière à deux brûleurs. Ils rient et ne s'agacent jamais de mes interminables questions.

« Pourquoi vous mangez avec les mains ? C'est quoi, cette épice ? Ça sert à quoi ? Vous avez le droit d'avoir cette gazinière ? Qu'est-ce que vous préparez ? »

Même quand je sème le désordre en voulant me rendre utile, ils me sourient et s'en amusent. Quand je ne m'en sors pas, ils me montrent patiemment la manière de m'y prendre. Quand je suis contrariée parce que je me suis salie en pétrissant la pâte des chapatis, la grande sœur de la petite Indienne époussette mon haut et me réconforte en souriant.

Quoi que je fasse, ils me sourient, et lorsqu'il est l'heure de manger, la question ne se pose même pas :

je reste avec eux. Une paume couverte de henné se tend gentiment vers moi et m'invite à venir m'asseoir par terre, où ma place est déjà préparée. Je crois qu'ils mangent toujours comme ça, assis en grand cercle. Chez nous, on s'assoit sur nos lits, tout serrés les uns contre les autres, et il y a de la nourriture qui tombe sur les couvertures.

Aujourd'hui, je suis triste de ne pas avoir partagé ce genre de moments avec mon père. J'aurais aimé qu'il se montre curieux, qu'il ait lui aussi un ami calme et plein de sagesse – et qu'il ait été capable de s'occuper de nous. En tant que mère, je regrette qu'il n'ait pas connu le bonheur de s'asseoir tranquillement pour regarder ses enfants dormir, ou pour te regarder toi, ma petite-fille, toi qui dors à côté de moi dans ton berceau. Il a manqué tellement de joies; comme celle d'aider ses enfants à grandir. Il y a deux choses très différentes qu'il n'a pas connues: la satisfaction que l'on éprouve à cuisiner pour sa famille; et les nombreuses cultures que nous côtoyions à cette époque. Il n'a jamais compris que nous sommes tous reliés les uns aux autres, que nous tentons simplement de survivre.

Aujourd'hui, Lily, ta mère te dirait que je ne supporte aucune forme de discrimination. Je me bats pour les droits des personnes vulnérables, afin qu'elles vivent mieux. Et je suis fière que ta mère partage mes valeurs.

Tu en sauras plus bientôt, Lily.

Je t'aime,

Mamie

3

Des visiteurs

Ma grand-mère, 1980

Nous venons d'emménager dans notre nouvelle maison, sur Hamilton Street. Jack et moi attendons, prêts à faire bonne impression.

C'est moi qui, la première, les aperçois au coin de la rue. Je me précipite à l'intérieur et crie : « Ils sont là ! », avant de retourner dehors en courant.

Ils se suivent en file indienne. Devant, ma grand-mère, sans son tablier à fleurs mais avec un chapeau. Elle a une mine sévère et les lèvres pincées, comme si elle avait senti une mauvaise odeur. Maman a toujours dit que c'est parce qu'elle est du sud de Londres, alors elle méprise ceux de l'East End, même nous. Derrière elle, mon oncle et ma tante. Ils sont grands tous les deux et ont un air aimable. Ils sourient et, à mesure qu'ils se rapprochent, je vois que leurs yeux sourient aussi.

Tout en marchant, ils regardent chacune des maisons mitoyennes de style victorien, observant les numéros sur les portes pour trouver le 26. Quand ils arrivent au 18, je m'arrête en plein milieu de mon jeu de marelle pour aller prévenir maman.

En réponse à mon appel, papa se précipite dans le salon et lisse ses cheveux, tandis que maman nous passe tous en revue dans le couloir de l'entrée.

Maman ouvre la porte avant même qu'ils ne sonnent. Un coup de chance, sinon ils auraient su que la sonnette ne fonctionne pas. C'est la première fois qu'ils viennent nous voir. Maman leur sourit et prend sa voix distinguée. J'ai envie de rire, mais je me retiens. Elle les accompagne au salon. Ils s'assoient et se regardent. Les yeux de ma grand-mère parcourent lentement la pièce, enregistrant tout.

Elle a tiqué ou je me trompe?

On savait qu'ils allaient venir. Ce matin, papa nous a collé un gant sur le visage en disant: «On frotte, on frotte, on frotte!» Il nous a même lavé l'intérieur des oreilles. Il ne voulait pas qu'on sorte jouer, mais on l'a quand même fait, juste devant la porte. Il n'a pas remarqué parce qu'il rangeait la maison. Ça fait une semaine qu'il fait du rangement, surtout dans le salon. Et ça fait une semaine que maman crie.

Papa et maman nous ont demandé de ne pas laisser les visiteurs aller n'importe où dans la maison et de ne rien dire «sur les amis qui viennent chez nous ni sur ce qu'ils boivent». On ne risque pas d'oublier vu qu'ils nous le répètent presque tous les jours: quand on part à l'école, quand on sort jouer et quand ils vont au pub.

Aujourd'hui, on a droit à un cadeau: un sachet de bonbons offert par ma tante.

On reste debout un temps fou pendant qu'elle pose des questions sur l'école et la vie à la maison. Elle me les pose à moi, mais c'est maman qui répond. Je ne sais pas ce que maman peut bien savoir de mon école, à part que je n'y vais pas souvent, puisqu'on déménage tout le temps. Mais comme c'est elle qui répond, j'apprends que papa nous a inscrits, Harold et moi, à l'école du bout de la rue. Je commence la semaine prochaine.

Maman explique : « Tout le reste va bien, maintenant, on est bien installés. » Elle sourit, mais son regard est froid.

« C'est bien », répond ma tante en hochant lentement la tête. Comme si elle essayait de comprendre quelque chose. L'atmosphère devient lourde.

Je m'ennuie. Je commence à triturer un trou dans le canapé, mais papa retire ma main d'une petite tape, alors je reste là à regarder ma grand-mère qui ne dit pas grand-chose. Elle a les lèvres fines et austères.

Dépêchez-vous. J'ai envie de m'en aller pour manger les bonbons. À quoi ça sert de nous donner des bonbons si on doit attendre pour les manger ? Allez, dépêchez-vous !

Au bout d'un moment, sans prévenir, ma grand-mère s'adresse à mon oncle et à ma tante : « Bien, il vaudrait mieux que nous y allions.

— D'accord, très bien. » *Un peu rapide comme réponse, maman, je trouve.*

Et ils s'en vont.

Je retourne jouer à la marelle dans la rue, mais cette fois, avec les plus beaux bonbons de Hackney. Je me sens importante.

Dans la soirée, alors que je joue encore dehors, laissant mes parents boire beaucoup plus vite que d'habitude, deux hommes, des amis de ma mère, arrivent par l'allée qui longe la maison. Ils ont toujours un chariot de courses bleu, avec des bonbons pour nous et des bouteilles pour papa et maman. Je ne veux pas de leurs sales bonbons, et la ritournelle habituelle me vient à l'esprit : « Meurs, vieux dégueulasse. Meurs, vieux dégueulasse. » Elle tourne en boucle dans ma tête, comme à chaque fois qu'ils viennent et qu'ils nous donnent des bonbons.

Quand ils s'en vont, papa a de l'argent. Et comme parfois dans ces cas-là, il nous dit de filer au Kentucky Fried Chicken, mon magasin préféré. J'adore me lécher les doigts quand j'ai fini de manger.

Ce soir-là, papa et maman ont une grosse dispute à propos de la visite de ma grand-mère, ma tante et mon oncle. Maman est en colère, elle n'arrête pas de répéter : « Comment est-ce que ma propre mère a pu me mettre à la porte quand je suis tombée enceinte à dix-sept ans, et me forcer à abandonner mon bébé ? Elle était magnifique. Mon père, cette espèce de salaud… Bon débarras qu'il soit mort et enterré. »

Pas étonnant que mon père boive pour la supporter. Je ne sais pas qui était le père de ma mère, mais à mon avis, il buvait aussi, vu qu'elle était là. Il est plus tranquille maintenant qu'il est mort. Dommage qu'il soit mort avant ma naissance. Un grand-père, ça doit être bien. Mais bon, ça ne me dérange pas vraiment. La vieille vache, ça devrait pas non plus la déranger.

Je n'ai jamais su pourquoi les visiteurs étaient venus. C'est la dernière fois que j'ai vu ma tante et mon oncle. Ma grand-mère ne nous a plus jamais rendu visite.

Congélateurs, 1981

Mon père est doué pour beaucoup de choses pratiques : par exemple, trouver de quoi manger sans argent ou préparer des sandwichs à la salade, avec du sel.

Aujourd'hui, on est « en mission spéciale », comme il dit. Papa et maman déambulent dans le magasin, regardent les produits, pendant que j'attends l'occasion de voler des steaks hachés. Je sais où ils sont et ce que je dois faire.

Il faut que j'attende que papa et maman arrivent au niveau de la caisse pour distraire l'homme derrière le comptoir. D'après ma mère, il peut se permettre de nous laisser prendre ses produits pour rien. Elle dit que c'est un « foutu Paki », ce qui explique sans doute qu'elle ne lui demande pas directement de nous donner de la nourriture, et que je doive la voler.

Je traîne devant les congélateurs, où les steaks hachés me fixent. Je garde un œil sur papa et maman qui sont presque au niveau du comptoir et se mettent à faire un scandale. C'est le signal. En un clin d'œil, j'ouvre la porte, j'attrape les steaks hachés, je tourne le dos au comptoir et j'enfouis le paquet sous mon pull-over. Je repars tranquillement, comptant mes pas : un, deux, trois, quatre… Je relève les yeux.

C'est bon, je les ai, youpi ! Hamburgers au dîner !

Fière comme un paon, je me dirige vers la porte. Papa et maman sont déjà sortis du magasin. Je les vois de l'autre côté de la rue avec Harold et Jack, qui nous attendaient en surveillant l'éventuelle arrivée de flics. Encore trois pas avant la porte. Les steaks hachés sont vraiment gelés, mais je les ai.

Hamburgers au dîner ! Pour une fois, il n'y aura pas que de la salade dans le pain !

J'en ai l'eau à la bouche. Il fait froid, parce que c'est presque l'hiver, et les steaks hachés surgelés me brûlent le ventre.

Je les ai!

Plus que deux pas. Un, deux... trois, j'ai un pied dehors.

J'ai réussi! Papa va être fier de moi. J'ai bien retenu la leçon!

Une main sur mon épaule. En un instant, j'ai la bouche sèche. Mes parents et mes frères disparaissent comme par magie.

«Allez, je t'ai vue. Rends-les-moi.

— Quoi?»

J'ouvre de grands yeux innocents et lui décoche mon grand sourire habituel.

«Les steaks hachés, sous ton pull. Allez, rends-les-moi.»

Merde. Maintenant, j'ai un problème.

Ma famille est partie. Je me retrouve toute seule face à celui que je viens de voler, même s'il peut se le permettre.

Je prends le paquet sous mon pull et le jette par terre. Une petite tape sur mon oreille.

«Va-t'en, et que je ne te revoie plus!»

Je cours sans m'arrêter, jusqu'à en perdre haleine, et rattrape mes parents.

«Je crois que c'est fichu, papa. Désolée...»

Pas sûre qu'il m'ait entendue, car ils sont déjà entrés dans le pub, nous laissant à la porte, Harold, Jack et moi. On traîne un moment en les attendant. Mais comme personne ne ressort, on rentre à la maison en essayant de ne pas trop penser aux steaks hachés que j'ai perdus.

Barbie, 1981

Assise sur les marches devant la maison: c'est toujours là que j'attends mon père, par tous les temps.

Je me ronge les ongles, je joue avec la Barbie cassée que j'ai eue pour mes cinq ans, je racle le bout de mes vieilles chaussures sur le sol. Peut-être que papa va rentrer avec quelque chose pour la maison, ou encore mieux, pour moi !

J'adore Barbie. Je la regarde, avec Ken, en vitrine des magasins de Hackney. Leurs vêtements, leur coiffure, leur vie parfaite. J'y vais souvent avec ma Barbie cassée. Toutes les deux, on essaie de parler à la Barbie parfaite, on rêve que Ken et elle sortent de leurs boîtes et viennent vivre avec nous.

J'aimerais vraiment avoir une vraie Barbie à moi, avec plein de jolis vêtements.

Je vois mon père au moment même où il me voit. Il porte un tas de choses roses.

« Hope, Hope, viens m'aider, Hope ! »

Je cours vers lui, sans trop savoir ce que signifie cette excitation. En approchant, j'ouvre de grands yeux. Je vois des jambes de Barbie et des bras de Barbie, le tout relié à un corps de Barbie. Mais le mieux, c'est qu'il a un dressing de Barbie rempli de vêtements. Je me fige sans un mot. Papa se met à rire.

« Aide-moi à porter ça, Hope, c'est pour toi ! »

Je retourne vers la maison en titubant, encore incrédule, et dépose tout soigneusement sur la dernière marche. Il y a des chemisiers, des jupes, des pantalons. Des chaussures et des chapeaux. Barbie a son propre dressing, avec même des petits cintres. J'ai déjà vu tout ça dans un catalogue, alors j'installe le dressing et commence à y ranger les vêtements. Je les plie soigneusement, je les suspends sur les précieux cintres, examinant les coutures et les motifs, blancs, roses, marron et rouges. Et puis je décide de changer tout mon rangement, passant des heures à vivre dans le monde imaginaire de Barbie. Je suis tellement heureuse !

Barbie, ma propre Barbie.

Je lui caresse les cheveux.

« Où tu l'as trouvée, papa ? Comment t'as fait ? »

Il rayonne.

« Dans une benne, Hope, au coin de la rue. Tu le croiras jamais, mais quelqu'un a balancé tout ça… Et c'est pas tout, c'est pas tout ! »

Avant que j'aie le temps de répondre, il a disparu au coin de la rue. Sans quoi je n'aurais pas pu détacher les yeux de mon héros. Cet homme fort et bien habillé qui a réalisé mon rêve.

Barbie.

Quand il revient, je cours vers lui tout en me retournant pour surveiller mon trésor.

« Le cheval de Barbie, d'autres habits, une brosse à cheveux, des barrettes et un sac à main de Barbie ! Oh, papa, merci, merci papa, merci, merci ! Waouh ! C'est une Barbie, papa ! »

Il s'assoit à côté de moi en riant pour entamer l'exploration du butin. Je suis soulevée de bonheur et lui, de fierté.

« Regarde… Regarde ça, papa ! »

Les petits vêtements, les petits cintres. Je reste là des heures à les trier, jusqu'après la tombée de la nuit. Mon père a fait tout cela pour moi. Pendant des semaines, je joue à ranger le dressing et à habiller ma Barbie de ses différentes tenues.

Le bonheur absolu.

4

Rhubarbe et remboursement

Rhubarbe, 1981

Aujourd'hui, le temps s'est rafraîchi, alors je cours pour me réchauffer. J'aime bien courir. Jack et Harold arrivent à peu près à me suivre. On remonte Stoke Newington High Street, attrapant deux pommes sur un étal au passage, puis on descend Church Street pour aller au cimetière d'Abney Park, l'un de nos endroits préférés. Ce sont encore les grandes vacances, alors on ne mange pas régulièrement. Mais quand on part s'amuser, j'essaie d'en profiter pour trouver de la nourriture.

Sur le chemin, des gens qui passent leurs journées là à boire du matin au soir me font un signe de la main. Quelquefois, ils sont marrants ; d'autres fois, ils me font vraiment peur. Les femmes sont toujours les plus soûles et elles crient sur les hommes. Elles les accusent de leur piquer de l'alcool. Maman dit que ce sont des clochards, mais ce sont mes amis. Seulement, je n'aime pas quand ils se battent : les hommes entre eux, les femmes entre elles ou parfois tous ensemble !

Une énorme bagarre. Aujourd'hui, ils ont l'air de bonne humeur. On leur fait un signe nous aussi. Il faudra qu'on repasse par là en revenant, au cas où ils auraient quelques pièces à nous donner.

Le cimetière ressemble à une jungle. Je réfléchis à ce à quoi on pourrait jouer aujourd'hui. *Chat perché? Cache-cache?* J'ai mal au ventre. *N'aie pas faim, oublie que tu as faim. On est jeudi, plus que quatre jours avant l'argent du lundi.*

À la maison, c'est de pire en pire et en ce moment j'ai toujours mal au ventre, du matin au soir. Jack et Harold aussi.

Je fais ce que je peux.

Arrivés devant les grandes grilles noires, on retient notre souffle avant de traverser d'un pas lent et respectueux la première partie du cimetière, longeant les pierres tombales qu'aucun de nous ne sait déchiffrer. Une fois dans la jungle centrale, c'est le grand relâchement : éclats de rire et partie de cache-cache.

« Je compte jusqu'à dix et je viens vous chercher ! »

On chasse, on explore, on rit ensemble, oubliant la réalité du quotidien. Une partie de plaisir parmi les morts.

Quand la lumière du jour commence à décliner, j'appelle mes frères.

« OK, les garçons, c'est parti pour la chasse au trésor ! »

La fouille méthodique commence, autour des arbres, sous les buissons, jusqu'en bordure du cimetière. Puis l'un de nous crie : « J'en ai trouvé ! » Les autres se précipitent pour admirer notre récompense : de la rhubarbe !

Nous avons beau savoir exactement où elle pousse, nous continuons de jouer à « la chasse à la rhubarbe », avec à chaque fois l'envie de retrouver l'émotion du jour où nous en avions découvert par hasard. J'avais trébuché sur une racine d'arbre et m'étais retrouvée par terre, nez à nez avec de majestueuses feuilles vertes recourbées comme pour me saluer ; il nous avait été impossible de résister à la tentation de cueillir ces tiges rougeâtres parcourues de nervures vert pâle.

Pendant des années, chaque détail de nos chasses au trésor m'a remplie de joie, jusqu'à ce que je prenne conscience qu'un jeu consistant à trouver de la nourriture n'aurait dû être qu'une aventure frivole pour des enfants, pas une nécessité ni une leçon de survie.

Remboursement, 1982

J'ai un vélo. Un vélo tout neuf. Ce n'est pas du vol. Mon père l'a acheté. On l'a livré ce matin. Je dévale la rue en prenant les virages le plus vite possible. Il ne m'a pas fallu longtemps pour m'habituer à ce vélo rose avec un panier sur le guidon. Depuis quelques jours, mon frère en a un, lui aussi.

Voilà des semaines que papa nous annonce d'une voix de stentor : « Je vais bientôt toucher beaucoup d'argent, les amis ! »

Il n'arrête pas de répéter à maman : « Tu y crois, à ça ? Ça fait des années qu'on se fait avoir. Ces connards m'ont pas versé toutes mes allocs. Comment ils ont appelé ça, un "problème d'organisation"... Je t'en ficherai, moi, des problèmes d'organisation ! Pas étonnant qu'on ait du mal à joindre les deux bouts depuis des années. Sans cette conne d'assistante sociale, on l'aurait jamais su. J'devrais peut-être plus la traiter de conne, ah ah ! Après tout, elle est pas si mal. Elle dit qu'ils nous doivent un tas de fric, tu sais, un tas de fric ! Il est à moi, cet argent. J'y ai droit. »

C'est quoi, des allocs ? Ça doit être lié avec l'argent que quelqu'un doit à papa et peut-être aussi avec le lundi.

Peu importe. Ma mère et mon père dansent dans le salon. Maintenant, ils aiment bien l'assistante sociale. Ils ne passent plus la journée à boire dans la cuisine. Papa me chatouille le ventre en disant qu'on va être riches. Dans toute la maison, ce n'est qu'excitation des adultes et incrédulité des enfants.

Pendant que papa et maman valsent dans les couloirs, je discute avec Harold dans la cuisine. On est tous les deux d'accord : ça ne doit pas être vrai. Plus papa parle de « paiement rétroactif », plus on veut le croire, mais on n'y arrive pas. À force de promesses non tenues, de désirs non satisfaits et de larmes de déception, du haut de nos six et sept ans, on est persuadés que notre père ment. Dans quelques jours, il admettra que tout cela est faux et nous décevra tous, une fois de plus. On sait très bien que les sept cents livres dont il parle sans cesse n'existent pas. D'ailleurs, mieux vaut le savoir maintenant, comme ça, le jour où il l'admettra, on ne pleurera pas.

Trois jours passent, et encore trois autres. Convaincue qu'il ment, je réfléchis à ce que je vais dire à Jack quand la vérité éclatera. Ce matin, dans la cuisine, papa et maman me préparent un thé.

« Hope, tu restes à la maison aujourd'hui, hein ? Y a deux surprises qui vont arriver pour tes frères. Faut que tu sois là, d'accord ? »

Je ne te crois pas, pourquoi est-ce que tu mens? Papa, s'il te plaît, arrête de mentir.

Assise près de la fenêtre, j'attends depuis un bon moment. Attendre, attendre, attendre. Je change de chaise, fais les cent pas, passe de pièce en pièce. Je me frotte les mains, d'abord doucement puis de plus en plus vite, à mesure que l'angoisse monte. Je sais qu'ils nous mentent.

Pourquoi est-ce que vous nous mentez? Mes frères savent bien qu'ils n'auront pas de surprises. C'est tellement injuste.

Je tape du pied, bougonne de colère, tape dans un coussin et me rassois. Recroquevillée sur moi-même, je rêve d'une autre vie. J'entame le sandwich à la salade que papa m'a préparé et bois de l'eau au robinet. J'essaie de retenir les larmes qui viennent à chaque bouchée. Je peste contre cette vie injuste, toutes ces déceptions, et je sens la haine monter en moi. Comme je suis stupide… J'ai beau avoir dit que je n'y croyais pas, j'y crois un peu quand même. J'ai beau me dire que c'est impossible, j'espère secrètement le contraire. J'attends, encore et toujours. Je me donne des coups de poing sur les jambes pour évacuer la douleur. Cette journée n'en finit pas. À attendre un bruit de sonnette.

Quelqu'un frappe à la porte. Je me précipite pour l'ouvrir. Ma respiration devient bizarre et je m'arrête. Je me prépare à une nouvelle déception. J'ouvre la porte, passe une tête et il est là : un livreur, grand, en uniforme, portant un vélo et une boîte d'Action Men, comme ceux qu'on a vus à la télé.

Un vélo, des Action Men. Oh, papa ! Papa !

Je crie en sautant de joie : « Papa a dit la vérité ! »

Les garçons me rejoignent en courant.

« Vos cadeaux sont arrivés ! Un vélo, un vélo chopper ! Des Action Men, comme à la télé ! »

Le livreur rit avec nous, partageant la joie de notre surprise. Je n'ai toujours pas signé le papier qu'il tient à la main. Je sautille, mes frères touchent leurs cadeaux ; trois enfants tout excités et profondément heureux.

De nouveaux jouets, et une promesse tenue par mon père.

Ce soir-là, mes parents rapportent des plats de chez Kentucky Fried Chicken. Le bar du salon est plein. La maison résonne de rires à cause de ce que papa appelle son « aubaine ». On s'amuse tous ensemble avec les jouets des garçons, même papa et maman. Et puis je commence à me demander :

Est-ce qu'il y a quelque chose pour moi ?

Je vais me coucher sans le savoir, en tentant de me convaincre que le plus important est que papa ait tenu sa promesse. J'espère qu'il y aura quelque chose pour moi.

Je n'arrive pas à m'endormir. Papa et maman s'affairent dans la cuisine.

Ils ne m'ont rien dit. Peut-être que je n'aurai rien après tout, je sais bien qu'ils ne m'aiment pas autant que les garçons.

Le lendemain en fin d'après-midi, je ne sais toujours pas si j'aurai quelque chose. Papa et maman sont dans la cuisine avec les deux frères qui viennent de temps en temps en traînant leur chariot de courses derrière eux, comme un petit chien. Ma ritournelle recommence : « Meurs, vieux dégueulasse. Meurs, vieux dégueulasse. » Peut-être que, si je le répète assez souvent, ils finiront par mourir en rentrant chez eux, écrasés par un bus 73.

Ils rient tous les quatre. Je les observe du couloir. J'attends, cherchant le courage d'entrer pour poser ma question. Par ennui autant que par colère, je donne un coup de pied dans la rampe de l'escalier, puis m'y suspends, laissant mon corps se balancer. Ma mère rit. Je n'en peux plus d'attendre.

« Papa ?

— Qu'est-ce que tu veux, Hope ? »

La voix de mon père est conviviale, joyeuse. Les deux gros vieux frères sont assis l'un en face de l'autre ; ils fixent ma mère, qui me tourne le dos. Mon père, en face d'elle, me regarde par-dessus son épaule alors que je me tiens dans l'encadrement de la porte.

« Entre. Entre, Hope, dis à ton vieux papa ce qui se passe. »

Je vois beaucoup d'alcool sur la table. En temps normal, il n'y a pas plus d'une demi-bouteille en stock à la maison. Je le sais parce que c'est moi qui dois leur servir des verres, à eux et leurs amis. Aujourd'hui, le bar est plein, et ça me donne du courage. Je saisis ma chance.

« Papa ?

— Oui, Hope ?

— Est-ce que je pourrais avoir un vélo, moi aussi ? »

Les mots étaient restés coincés depuis le moment où je les avais formulés, la veille au soir. Prisonniers de la pression, attendant leur heure. Maintenant, ils se précipitent.

« Un vélo rose, avec un panier ? Un… un panier devant, sur le guidon ? »

Silence. Tout le monde regarde mon père, attendant une réponse.

« Bien sûr, Hope. Bien sûr que tu peux avoir un vélo. Allez, file, maintenant, on est occupés. »

Soupir collectif quand je quitte la pièce. J'entends ma mère :

« Cette fille me soûle. »

* *
*

Je me balade sur mon vélo. Il est rose avec un panier sur le guidon. Il a même une sonnette. Ding ding.

C'est la plus belle chose que j'aie jamais eue, mais ça ne m'a pas empêchée de monter dessus. Le vent dans mes yeux me fait pleurer. Je me promène dans Hackney, traverse London Fields, descends Morning Lane, passe par le jardin de l'église pour rejoindre l'hôpital de Homerton, retourne vers Graham Road puis Stoke Newington, faisant un signe de la main devant le poste de police. Je passe mes journées sur ce vélo à explorer Hackney. Quelle chance on a eue de toucher ce fric ! Le pied ! J'adore mon vélo et j'adore mon père, qui me l'a offert. Je file dans les rues, passe en trombe devant les magasins en riant. C'est l'aventure ! Tout le monde se retourne sur mon passage. Je suis tellement enthousiaste qu'il me faut un peu de temps pour remarquer qu'à la maison, les choses changent.

Mes parents semblent plus soûls que d'habitude. Le ton monte d'un cran pendant leurs disputes. Bruit de vaisselle brisée quand maman lance un nouveau mug ébréché à la tête de papa ; cris de mon père lorsqu'elle l'attrape par les cheveux pour le griffer. Ses pieds font beaucoup de bruit pour leur taille quand elle monte se coucher, en colère. Elle passe de plus en plus de journées dans la chambre. De temps à autre, elle sort chercher à boire et ramasser les magazines que papa dépose devant la porte. Elle jure comme un charretier pour exprimer son mal-être, nous paralysant tous dans sa colère.

Je ne comprends pas. Maman n'est jamais contente, même quand on est riches !

On mange notre KFC. Papa nous l'a acheté, comme tous les jours depuis qu'on a de l'argent et tant qu'on en aura. Maman appelle pour qu'on lui apporte à boire, elle veut plus de ceci ou de cela. Papa se lève tout de suite et monte la calmer. On a la paix quelques minutes, puis elle recommence et papa y retourne. Il essaie de faire ami-ami avec elle, de la convaincre de se lever, de la rendre heureuse.

Maman rentre à la maison, 1982

Maman est encore partie sans prévenir. Un jour, elle est là, le lendemain non. Cette semaine, l'assistante sociale m'a parlé d'un lieu où je peux aller jouer « toute seule, sans prendre la responsabilité de tes frères, un moment rien qu'à toi ». Je ne comprends pas bien ce qu'elle veut dire, vu que j'apprécie d'être avec mes frères. Je n'aime pas les laisser tout seuls. Mais comme elle me dit que ça ira, qu'elle va « organiser quelque chose », je décide d'aller tester ce lieu. Il est plein de couleurs et s'appelle le Projet. Le Projet 55. C'est génial ! Les animateurs m'expliquent que c'est une ancienne caserne de pompiers, ce qui rend l'endroit encore plus excitant à mes yeux.

J'ai de bons souvenirs des six mois durant lesquels j'ai fréquenté ce lieu. On courait partout, avec un tas d'autres enfants comme moi. J'aimais bien les animateurs, ils savaient que ma mère était en prison et je pouvais leur parler un peu de ce qui se passait à la maison. Le jour où ma mère est sortie de prison, il faisait vraiment très froid. Je savais qu'elle devait rentrer, mais je suis quand même allée au Projet 55. Je m'y plaisais beaucoup et il y faisait bon. L'hiver avait été « particulièrement rude » et papa n'avait pas toujours pu allumer la chaudière pour que nous ayons de l'eau chaude. C'est aussi pour cela que je suis allée au Projet ce jour-là : pour avoir chaud.

« Il faut que je parte à l'heure, aujourd'hui. Maman rentre à la maison.

— D'accord, Hope, tu peux y aller. Tu as bien eu ton sandwich ?

— Oui, merci. »

Je suis partie le ventre plein et l'esprit léger, imaginant déjà ma mère me prendre dans ses bras pour nos retrouvailles.

Pendant douze semaines, papa s'était soûlé en se lamentant sur son sort : « Ta mère me manque, pourquoi elle est pas là ? Enfin, elle va plus tarder à revenir, maintenant... Merde, pourquoi il a fallu qu'elle se fasse prendre, elle devrait être là avec moi... »

Maintenant qu'elle revient à la maison, il va arrêter ses bêtises et les choses vont changer, cette fois. Arrivée à l'entrée de notre rue, je vois au loin de la lumière dans les bow-windows : elle doit être rentrée ! Je me mets à courir, tout excitée, le visage fendu d'un sourire si large qu'on pourrait y glisser deux boules de mammouth.

Elle est rentrée ! Elle est rentrée !

Je monte deux à deux les marches du perron. Dès que j'ouvre la porte, la voix de Tom Jones ébranle un peu mon enthousiasme. Je sais ce que signifie cette musique. Quelque chose ne va pas. J'essaie pourtant de me convaincre du contraire. Nos retrouvailles vont être heureuses et tout va changer, maintenant.

« Maman ? Maman ?

— On est là, Hope. »

C'est papa qui m'a répondu. Je débarque dans le salon en poussant la porte brusquement, la faisant claquer contre le mur ; un éclat de plâtre tombe.

Maman est assise dans le fauteuil, les épaules penchées, un rictus aux lèvres. Elle fait tourner lentement un verre dans sa main, au rythme de la musique. Rien en elle n'indique la moindre joie d'être à la maison, de me voir.

Je m'avance. Doucement.

« Maman ? »

Je lève la main de quelques centimètres, espérant l'inciter à me prendre dans ses bras.

« Où est-ce que t'étais encore fourrée quand je suis rentrée ? J'ai passé des semaines de merde en prison, la maison est un vrai bordel et tu traînes dehors quand je reviens. Pourquoi t'étais pas là ? »

Récrimination, auto-apitoiement, demande d'attention, tout cela craché en regardant son verre : il n'en faut pas plus. Sans plus d'espoir de me blottir entre les bras de ma mère, ma culpabilité se réveille, montant du creux de mon ventre jusqu'au cerveau. Ma mère ne me dit pas que je lui ai manqué, que mon père et mes frères lui ont manqué. *Tu m'as manqué, tu m'as manqué.*

« La gronde pas, chérie, elle était à son Projet.

— J'en ai rien à foutre, elle aurait dû être là. C'est un vrai bordel dans cette maison.

— Pardon, maman, j'aurais pas dû y aller.

— Non, ça c'est sûr, t'aurais pas dû y aller. Est-ce que tu sais tous les sacrifices que je fais pour que t'aies à manger ? J'ai échangé une barre de chocolat contre du shampoing avec la pouffiasse de ma cellule, pour que tu puisses en avoir. Prends-le, il est là, sur la table ! Je vais en prison pour toi, et quand je reviens, t'es à ta connerie de Projet. »

Je garde les yeux rivés sur ma mère, déconcertée, terrorisée. Je recule ; le parquet grince sous mes pas.

Comment ça, elle est allée en prison pour moi ? Je la déteste. Je la déteste. Je la déteste.

Sa voix résonne dans toute la maison, elle s'en prend maintenant à mon père qui ne dit rien, la tête de plus en plus basse.

« J'ai passé des moments atroces à Holloway, et voilà comment on me remercie.

— J'ai fait ce que j'ai pu, chérie…

— J'essaie de trouver de l'argent pour cette famille et tout le monde s'en fiche… Vous m'abandonnez tous quand je rentre à la maison ! Des moments atroces… »

Je referme la porte sur sa morosité, m'assois dans l'escalier et la culpabilité – de ne pas avoir été là pour l'accueillir, de voir comme elle parle à papa à cause de mon retard – m'envahit.

5

Ragoût de poulet

Notes prises par Hope en 1993, d'après les dossiers des services sociaux

Rapport sur Mme Daniels [la mère de Hope] daté du printemps 1982 :

— On a emménagé à Hamilton Street ; de mi-1980 à la fin de l'année.

— Maison mitoyenne avec trois chambres ; en piteux état.

— Assistante sociale : inquiète, a écrit au responsable du service de l'hygiène, pour demander une visite de contrôle.

Je ne me souviens pas qu'ils soient venus.

— Phillip travaille ; donne 15 livres par semaine à papa et maman.

— Parents paient 1,20 livre par semaine pour arriérés de loyer. Autres retenues sur les allocations pour factures énergie impayées.

— Ils touchent 36,15 livres plus 15,75 livres d'allocations familiales par semaine. Situation financière très mauvaise.

Trois adultes, trois enfants à la maison. Situation financière très mauvaise. On l'aurait pas deviné.

Maman cuisine, 1982

Dès que j'ouvre la porte, l'odeur du ragoût de poulet envahit mes narines. On se croirait chez mes amis. Que se passe-t-il? Ce soir, notre maison ne sent pas l'alcool et les cigarettes. Mon esprit doit me jouer un tour. Je décide d'enquêter discrètement. Avec hésitation, je m'engage dans le couloir, dos au mur, comme l'alpiniste que j'ai vu à la télé longer à flanc de falaise un précipice de trente mètres. Je glisse sur le côté, bras et jambes étendus contre le mur pour stabiliser ma progression silencieuse vers la cuisine et ses secrets. À chaque pas, je hume l'air : cette délicieuse odeur est-elle toujours présente? J'espère la sentir au moins jusqu'à la cuisine. Ma faim augmente à chaque pas, à chaque inspiration. Nouveaux arômes.

Je trébuche. Me rattrape à la rampe. M'arrête. Je regarde. J'écoute. La personne qui est dans la cuisine ne m'a pas entendue, alors je continue. L'excitation, la possibilité d'un repas chaud me poussent à prendre des risques.

Si quelqu'un me surprend à ramper contre les murs, j'aurai de gros problèmes. Et si mon ventre gargouille avant que j'aie atteint mon poste d'observation?

Je manque de me trahir une deuxième fois lorsque, tellement pressée de confirmer qu'un repas se prépare, j'oublie de compter les lattes du plancher. Un peu plus et je posais le pied sur la quinzième latte. Celle qui grince fort quand maman fait exprès de marcher dessus juste avant de monter avec ses amis. C'est sa manière à elle de nous dire que si on ne dort pas encore, il faut tout de suite faire semblant. Je me souviens de cette latte juste à temps. Mon cœur s'emballe, j'imagine que j'enjambe une dangereuse crevasse sur la falaise. Mon objectif est en vue ; je saisis la bordure de la porte et m'étire vers mon point d'arrivée au prix d'un dernier pas de côté. J'ai réussi mon voyage de la porte d'entrée à celle de la cuisine.

J'ai atteint le sommet de la montagne.

Gagné !

Avant de regarder par la porte, j'écoute mon rythme cardiaque ralentir et, comme si souvent, je me tapis, prête à observer ce qui se passe dans la cuisine.

Je me penche pour jeter un œil, le visage à moitié caché par l'encadrement de la porte et les fesses collées au mur. Je reste là un moment, m'efforçant de contrôler mon équilibre et ma respiration rapide. La cuisine est méconnaissable.

Je plaque à nouveau les épaules contre le mur.

Ma mère est aux fourneaux !

La curiosité l'emporte. Je me penche une nouvelle fois, un peu plus que la première. Maintenant, tout mon visage dépasse du cadre. Je veux m'assurer des deux yeux que ce que j'ai vu est bien réel.

Oh la vache !

Je me retire et réprime un gloussement. Il me faut un peu de temps pour intégrer la scène. Dans le soleil de fin de journée qui joue avec les mèches de ses cheveux, ma mère est en train de cuisiner.

J'atteins un nouveau sommet. Je ris en silence.

Elle est train de cuisiner! Attendez que je dise ça à mes frères. On n'est même pas lundi, et on a à manger!

Je me penche à nouveau pour une double vérification. Cette bonne surprise pourrait bien n'être qu'une hallucination.

Ses chaussures à talons de dix centimètres gisent à gauche de la cuisinière, comme si elle venait de les quitter. Elle a les orteils vernis du même rouge que celui de ses mains. Ses pieds nus soutiennent des jambes fines et elle porte une mini-jupe en cuir noir, celle qu'elle met tout le temps. Pour une fois, ses longs cheveux blonds sont ramassés en une queue de cheval qui descend le long de son chemisier de soie, rouge lui aussi. Aux commandes de la cuisinière, ma mère s'applique à monter la température de la plaque électrique.

Je reste un long moment à la regarder, à admirer son élégance et sa beauté. Elle volette ici et là dans la cuisine, remue le contenu de la marmite, jure de temps en temps et grommelle pour elle-même.

C'est bien la première fois que je vois ma mère seule. Sans une petite troupe bruyante autour d'elle, les bouteilles de vin, de gin et de whisky, les cigarettes et la fumée. C'est la première fois que je la vois travailler de ses mains, les passer sous l'eau, risquer d'abîmer son vernis. Elle fait des allées et venues dans la cuisine, mais pas une seule fois elle ne chancelle ni ne doit prendre appui sur le plan de travail. Peut-être parce qu'elle ne porte pas ses talons. Tout en remuant le ragoût, elle allume une cigarette puis saisit la théière de mamie Mary, qui est ébréchée et qu'on utilise rarement.

Elle boit du thé…

À ce moment-là, je trouve ma mère magnifique. J'imagine qu'elle ne boira plus jamais que du thé et nous préparera un dîner tous les soirs. J'imagine que notre maison sentira bon comme toutes les autres maisons. J'imagine rentrer de l'école tous les jours comme les autres enfants, l'embrasser, et avoir un repas chaud. Un lit sec. J'imagine. J'imagine.

Je finis par avancer dans l'entrée de la cuisine pour la regarder. Elle sent ma présence. Elle se retourne lentement et me sourit, la cigarette aux lèvres. Elle est belle.

« Ah, Hope, je ne t'ai pas entendue arriver. Ça a été, à l'école ?

— Oui, maman. C'est quoi ?

— Du ragoût de poulet. C'est moi qui l'ai fait. C'est prêt. Tu veux bien dire à tes frères de rentrer ? »

Dans la rue, mes frères se précipitent dès que je les appelle : « Jack, Harold, on a du ragoût de poulet ! »

J'ai envie de ménager un peu le suspense. Je les attends dans le couloir, devant la porte de la cuisine, la main tendue.

« Stop ! Allez vous laver les mains avant le dîner.

— Quoi ? Un dîner ? Un dîner chaud ? Mais on n'est pas lundi. Il y en a… il y en a assez pour nous tous ? »

Je rayonne. Je hoche la tête. Affirmatif.

Vraiment ?

« Maman a préparé du ragoût de poulet, pour nous tous. »

Ils ouvrent de grands yeux. Je suis fière de pouvoir leur annoncer cela. Maman est dans la cuisine. Maman prépare à manger. Je vois qu'ils rêvent à la même chose que moi. Ce sera notre nouvelle normalité. Le premier jour d'une longue série.

On marque une pause, ne sachant pas trop quoi faire. Leur incrédulité est soudain balayée par l'excitation. À l'unisson, on se précipite tous les trois à l'étage. La quinzième latte grince sur notre passage. On se bouscule en criant, comme à l'école, pour arriver les premiers dans la salle de bains. Des enfants bruyants et heureux. Une maison remplie de joie.

« Moi d'abord ! Moi d'abord ! »

Tous aussi pressés d'aller se laver les mains. On s'engouffre tous les trois en même temps dans la salle de bains, jouant des coudes pour passer la porte, les mains tendues vers le lavabo. Deux petits pas pour des enfants, un grand saut pour l'humanité.

« Pousse-toi, Hope ! Tu me gênes !

— Pas question, je suis la plus grande, c'est à moi d'ouvrir le robinet ! »

Trois petites paires de mains perchées sur la pointe des pieds font de leur mieux pour trouver un filet d'eau froide. Je montre à mes frères comment se laver les mains, comme je l'ai appris à l'école. Même si chez nous, il n'y a pas de savon sur le bord du lavabo. À nous voir déployer autant d'efforts, on croirait qu'on nous a promis une semaine de bonbons et un jouet.

On redescend dans la cuisine en courant, tirant nos chaises bruyamment pour nous asseoir. Le repas est déjà sur la table. C'est la première fois qu'on s'assoit à cette table pour dîner. D'habitude, elle est couverte de bouteilles et de verres. Trois assiettes sont dressées, dont une seule ébréchée. La mienne. Nous contemplons la purée et le ragoût fumant. Cette odeur est tellement agréable ! En trois minutes, nos assiettes se vident et nous avons droit à une délicieuse deuxième portion, dont nous essuyons les restes du bout des doigts avant de lécher nos assiettes.

Je ne me rappelle pas ce que fait ma mère pendant ce temps-là, tellement je suis concentrée sur la nourriture.

Ce soir-là, mon père n'est pas rentré, mais aucun autre homme n'est venu à la maison. Je suis allée me coucher remplie d'un étrange sentiment. J'avais mangé. J'avais bien mangé. Ma mère avait cuisiné. Toute cette nourriture m'avait un peu donné la nausée. Un bon goût de bonheur.

Marchand de tapis, 1982

« Dépêche-toi, Hope, ouvre la porte. »

La scène est ridicule. Papa se bat dans la rue avec un énorme tapis roulé sur l'épaule. Il est presque emporté par son poids, titubant de part et d'autre, faisant de son mieux pour avancer vers moi. J'éclate de rire.

« Allez, Hope, arrête, ouvre cette porte. Dépêche-toi, je viens de le piquer au dépôt-vente ! »

Il se libère du tapis dans le salon au moment même où maman arrive.

« Qu'est-ce que c'est que ça ? Tu m'as rapporté quelque chose ?

— C'est un tapis, chérie. »

Papa fourre une main dans sa poche et en ressort une boîte de poudre pour le visage et un tube de rouge à lèvres. Il s'est bien débrouillé aujourd'hui, ce qui lui vaut un bisou de ma mère, qui repart.

« Bravo papa ! »

Je suis tout heureuse : on va pouvoir s'asseoir sur un nouveau tapis ce soir, et tous les soirs ; maman a du maquillage neuf et papa ne s'est pas fait prendre en volant tout ça. Le tapis va très bien dans le salon ; son gros motif violet ridicule ne dérange personne.

Mon père est le plus intelligent du monde. J'aimerais bien être une aussi bonne voleuse que lui.

6

Le lundi

Je n'ai pas gardé de souvenirs d'un lundi en particulier, mais ils se ressemblaient tous. Toutes les années où nous avons vécu avec nos parents, ils passaient leur lundi au pub. Chaque semaine. Un lundi normal, c'était cela : papa et maman allaient au pub, puis maman partait à King's Cross. Du moins, c'est ainsi que cela se passait jusqu'à ce qu'ils se fassent bannir de tous les pubs de Hackney ; après cela, ils restaient boire à la maison. Je ne suis jamais allée à King's Cross, je n'en avais pas envie. Je savais que c'était là que maman gagnait de l'argent, et qui disait « argent » disait « hommes ». Je n'ai jamais voulu aller là-bas.

Le lundi, jour des allocations, perçues au bureau de poste, était un grand jour pour toute la famille. La perspective de me remplir l'estomac le soir venu me tenait en ébullition toute la journée, en particulier pendant les vacances – à l'école, nous avions la cantine. Je passais la journée à réfléchir à ce que l'on pourrait bien manger. En général, des kebabs.

Chaque semaine, nous achetions trois délicieux döner kebabs et une canette de jus de fruits que nous

nous partagions. Je me dépêchais de rentrer de l'école et abandonnais mon sac dans l'entrée, concentrée sur un seul endroit, toujours le même : le manteau de la cheminée du salon. Il était là : un billet bleu de cinq livres, tout neuf. Le duc de Wellington et la reine attendant patiemment de nourrir nos trois bouches.

Chaque semaine, c'était le même rituel. Je retournais le billet pour vérifier qu'il était bien réel. Cet argent était censé durer toute la semaine, mais le reste du temps, on se débrouillait, volant dans les magasins, butinant çà et là, comptant sur la générosité des voisins. Le lundi, c'était la fête. Une fois rassurée de ne pas m'être fait arnaquer par mes parents, je tournais les talons et, quoi que j'aie pu en décider dans la journée, nous nous retrouvions toujours en début de soirée chez le vendeur de kebabs. Trois döner kebabs et une canette de jus de fruits. Pour ne pas avoir à cuisiner, disais-je à mes frères. Mais en réalité, c'était pour ne pas avoir à attendre.

Chaque semaine, on mangeait sur les marches en face de la boutique ou parfois devant la télé. On avait beau manger vite, on ne laissait rien tomber de nos sandwichs. C'était un vrai bonheur ! Les morceaux de viande qui débordaient sous la salade, la sauce chili qui nous piquait les lèvres… Si toutefois un bout de nourriture tombait, on le ramassait pour ne pas gaspiller et parce qu'on adorait cela. Chaque lundi, de l'âge de cinq, quatre et deux ans, à l'âge de neuf, sept et cinq ans, on est allés tous les trois chez ce vendeur de kebabs où, les premières années, nous ne dépassions même pas du comptoir. L'eau à la bouche.

C'était notre routine. Une routine qui faisait écho à celle de mes parents qui ce jour-là touchaient leurs allocations, laissaient un billet sur la cheminée, partaient au pub et ne revenaient que le lendemain, où nous avions tous intérêt à nous tenir bien calmes. Je ne sais pas si eux mangeaient, le lundi, car il était rare qu'on les voie.

Le lundi soir, libres et repus, on s'amusait. Notre imagination compensait l'absence de jouets.

On inventait des jeux comme Rototo : après avoir mangé, on s'allongeait par terre, les mains sur le ventre, pour un concours de rots. On allait aussi explorer la chambre de Phillip. Avant de quitter la maison, Phillip avait trouvé un travail : il réparait des machines à monnayeur. Dans sa chambre, il avait une borne d'arcade *Space Invaders* qu'il avait trafiquée pour qu'elle fonctionne sans argent. On le regardait supprimer les aliens au canon laser.

Pour nous, sa chambre était un lieu magique. On n'était pas censés y aller sans lui, mais on passait outre. Il avait accroché aux murs et au plafond une vraie toile de chapiteau de cirque, sous laquelle il dormait sur un matelas posé au milieu de la pièce. Comme un Bédouin, disait-il. On ne savait pas ce que ça voulait dire, mais tout cela nous émerveillait et stimulait notre imagination. On y organisait des spectacles de cirque, imitant les trapézistes : Phillip nous prenait par les bras et nous faisait tournoyer à tour de rôle. Nous préférions l'époque où Phillip vivait avec nous. Nous mangions plus souvent. Il nous aidait à nous préparer pour aller à l'école.

Papa l'a laissé derrière nous quand nous avons emménagé à Hamilton Street. Phillip n'a pas passé beaucoup de temps là-bas. Il était le plus souvent chez un ami. Nous autres, nous n'avions pas le droit de demander où il partait ni quand il reviendrait. Comme il laissait toutes ses affaires dans sa chambre et qu'il nous interdisait d'y entrer, nous savions qu'il finirait par revenir. À chaque fois qu'il s'en allait, Phillip me disait que c'était moi l'aînée, désormais, et que je devais faire de mon mieux. Après son départ, j'allais m'asseoir dans sa chambre et je regardais par la fenêtre, espérant le voir revenir. J'avais l'impression qu'il ne nous aimait pas. Je réfléchissais à ce que j'avais bien pu faire pour qu'il s'en aille. Je ne comprenais pas pourquoi il partait.

Quand on est allés sans lui vivre à Princess Lodge, il lui a fallu une semaine pour nous retrouver. Mais quand on a emménagé dans cette maison, il a emménagé avec nous et transformé sa chambre en chapiteau de cirque. Il jouait avec nous. Il nous réveillait le matin. Phillip a trouvé un travail. Phillip est parti. J'ai cru qu'il partait parce qu'il ne m'aimait pas. À cause de moi. Après son départ, c'est moi qui ai dû m'occuper de Jack et Harold. Il ne revenait que de temps à autre, souvent le lundi, nous achetant alors de quoi manger correctement. Parfois, il dormait à la maison, parfois non. Mais il passait de moins en moins de temps avec nous et je devais assumer toujours davantage le quotidien. Plus la pagaille régnait dans la maison, plus maman s'énervait. Je faisais de mon mieux sans Phillip. Chaque lundi, j'espérais le voir, mais il ne venait plus que très rarement, pour ne pas dire jamais. Seul un billet de cinq livres m'attendait fidèlement sur la cheminée, nous offrant un peu de répit. Le lundi, nous mangions comme des adultes et riions comme des enfants.

Bureau de poste, 1982

À la maison, c'est le chaos. Il n'y a quasiment rien à manger et ce n'est pas la saison de la rhubarbe, même si on va vérifier quasiment tous les jours. Comme papa et maman n'ont pas d'argent, ils restent là à attendre que des types en costume leur apportent de l'alcool et des cigarettes. Et comme ils ont énervé tous les voisins, nous, on ne peut plus compter sur leurs sandwichs au pain complet.

À cause des vacances, on ne mange pas tous les jours. Ni Jack ni moi n'avons envie d'aller nous promener. On a trop mal au ventre.

On est assis tous les deux sur les marches du perron, le regard dans le vide. On n'a pas le droit d'aller dans la maison : maman a dit qu'ils « recevaient ».

Pourquoi est-ce qu'ils ne peuvent pas nous recevoir, nous ?

Ils sont tous dans la cuisine et nous dehors, sur les marches du perron.

Je me lève brusquement, ce qui fait sursauter Jack :

« Viens, j'ai une idée ! »

J'entraîne mon frère le long de l'allée qui borde notre maison, où papa et maman se sont fait agresser plusieurs fois. Au bout de l'allée, on s'arrête pour guetter l'homme au long manteau de cuir noir qui nous fait peur. Même papa et maman en ont peur. Comme il n'est pas là, on repart en courant jusqu'au bureau de poste.

Nous voici dans la file d'attente devant le comptoir des friandises. Je me dandine d'un pied sur l'autre comme si j'avais une envie pressante. Ce n'est pas le cas, je me sens juste un peu honteuse de ce qu'on s'apprête à faire. Enfin, de ce que *je* m'apprête à faire, et dont Jack va profiter.

On approche du comptoir. Bientôt à nous. Voilà, c'est notre tour ! Je prends ma respiration et me lance :

« Papa nous a dit qu'on avait le droit de venir acheter des bonbons. Il a dit que vous pouvez prendre l'argent sur l'argent du lundi. »

Je regarde la dame avec de grands yeux. Je sais que j'ai un beau sourire, parce que je m'entraîne devant la glace quand je m'ennuie vraiment. Jack comprend dans quoi je l'ai entraîné ; je le pousse derrière moi.

« Tu es sûre ?

— Oui, madame, promis, madame. »

Je dodeline de la tête, comme les ânes de la crèche de Noël dont le cou est monté sur un ressort. Sourire sincère. Jack me tapote le dos avec un doigt. Je le repousse un peu plus loin.

« D'accord, il t'a dit combien, ton papa ? »

Oups, à l'aide !

« Euh, pas vraiment, madame, il a juste dit : "Fichez-moi le camp et allez vous acheter des bonbons, ils mettront ça sur ma note." »

Jack me donne un coup de coude ; je le repousse.

« C'est bien ton père, ça... »

Regard désapprobateur. Coup d'œil vers son mari qui tient l'autre comptoir. Il hoche la tête.

« Très bien, vous deux, une canette de jus de fruits et dix pence de bonbons.

— Oh, je suis sûre qu'il serait d'accord pour plus, madame !

— Bon, quinze pence chacun, pas plus. »

Jack et moi nous dirigeons vers les bonbons à un demi-penny et prenons trente Mojo, nos préférés.

« Merci. »

Je réfléchis un instant.

« Est-ce qu'on peut en prendre pour Harold, aussi ? Papa est d'accord.

— OK, allez-y. »

Tout excités, on choisit à nouveau trente bonbons et une boisson.

Pendant trois semaines, notre petit stratagème fonctionne. La quatrième semaine, papa se pose enfin des questions sur le montant de ses allocations. Le bureau de poste lui explique pourquoi il touche moins d'argent qu'il ne pensait. La quatrième semaine, papa revient à la maison avec un regard noir.

« Vous devriez avoir honte ! Voler votre propre famille… Qui vous a appris ce genre de choses ? Vous devriez avoir un peu plus de jugeote ! Cet argent, c'est tout ce qu'on a, espèces de voleurs ! »

Ça me rend vraiment triste que papa se fâche contre nous. J'ai des sensations bizarres dans le ventre. Et puis la colère me gagne.

Je ne devrais pas avoir à voler cet argent, si ?

7
Jésus sur le mur

Faisant semblant de dormir, 1982

Je suis fatiguée, demain il y a école. J'ai été réveillée par un bruit qui vient du grand lit. Moi, je dors sur un matelas au pied du lit de papa et maman. D'après mon père, c'est un privilège. Mon lit est un peu humide, vu que j'y ai fait pipi la nuit dernière, mais je ne peux le dire à personne. Je suis une grande fille, je ne devrais pas faire pipi au lit. S'ils l'apprennent, je me ferai gronder. En plus, maman dit qu'elle a du mal à trouver le temps de laver les draps dans la baignoire et de les faire sécher dans la cour. J'adore jouer dans la cour, mais je déteste les toilettes extérieures. Il y a plein de grosses araignées ; quand j'ouvre la porte, leurs toiles me collent à la figure.

Parfois, mes frères m'y enferment pour s'amuser, ce qui me met très en colère. Avant, on jouait à sauter le mur pour aller prendre des bouteilles vides qu'on rapportait au magasin pour toucher la consigne. Ça nous amusait beaucoup et on récupérait un peu d'argent pour acheter à manger. Mais depuis que les voisins ont mis des tessons de verre sur le mur, on ne peut plus passer par-dessus, alors mes frères s'en donnent à cœur joie en m'enfermant dans les toilettes. Je déteste ça.

Dans la chambre que je partage avec papa et maman, il y a du parquet et une penderie que je n'ai pas le droit d'ouvrir. Un miroir, devant lequel maman se maquille. Il est un peu ébréché dans un coin. Je ne sais pas de quand ça date, mais, ce jour-là, papa et maman ont commencé à se disputer. Je la regarde souvent se maquiller, debout, à me dire qu'elle devrait pouvoir s'asseoir devant une vraie coiffeuse, avec ses flacons de parfum et ses houppes à poudrer, comme une vraie dame. Elle me laisse la regarder et l'écouter, mais pendant tout ce temps, j'attends le moment où elle en aura assez de ma présence. Je sais qu'il est temps que je parte quand elle s'interrompt pour se regarder dans le miroir, les épaules un peu basses, juste avant de se redresser et de lancer dans la glace : « Fiche le camp, Hope, va jouer ! » Les rideaux claquent dans le courant d'air qui s'échappe de la fenêtre et les murs n'ont pas été repeints depuis notre emménagement. Quand il nous arrive de jouer aux pompiers, les traces de fumée et d'eau nous offrent un bon décor. Elles datent d'avant notre arrivée. Sous la saleté, on devine de jolis motifs sur le papier peint : de grandes marguerites jaune et marron dans un champ d'été. La mairie est censée venir tout nettoyer, mais j'ai entendu papa dire à maman qu'on n'avait pas payé le loyer et qu'il faudrait qu'elle gagne de l'argent. J'espère que maman trouvera un bon travail. Comme ça, je n'aurai plus à partager ma chambre avec eux et la croix de Jésus.

Cette croix sur le mur, avec Jésus qui se sacrifie pour nous, me fait peur à chaque fois que j'entre. Jésus vit sur sa croix au-dessus du lit, et d'après ma grand-mère, il faut toujours penser à Jésus. Moi, je pense à Jésus quand je vais me coucher. Il me fixe quand je me déplace dans la chambre.

Il voit la même chose que moi. Moi depuis mon lit, qui est au pied de celui de papa et maman. Lui depuis sa croix sur le mur. Jésus voit la tête et le corps de l'homme monter et descendre. Moi, je vois les fesses et les jambes de l'homme monter et descendre. Ce n'est pas mon père. Ces jambes et ces fesses sont trop grosses. Ce n'est pas non plus l'odeur de mon père. Il a son pantalon baissé aux chevilles. Ma mère est sous cet homme. Elle est calme. Ça ne lui ressemble pas. Elle a la tête tournée vers le mur, loin de moi. Loin de Jésus. L'homme bouge en même temps d'avant en arrière et de haut en bas. Ça doit impressionner Jésus. L'homme fait un drôle de bruit, comme un lion à la télé. En haut, en bas. Le bruit correspond : en haut, en bas. Je sais que je ne devrais pas regarder, mais c'est difficile de ne pas écouter. Je me rallonge et me bouche les oreilles. Mon oreiller est trop fin pour m'empêcher d'entendre ses « han han han » plus rapides. Je serre fort les paupières, espérant ne plus entendre le râle de cet homme que je ne connais pas et qui est sur ma mère. Je remonte mes jambes contre ma poitrine en essayant d'éviter la zone humide. Il fait froid. J'ai envie de frotter mes pieds l'un contre l'autre pour me réchauffer, mais je ne veux pas qu'ils m'entendent, qu'ils sachent que je suis réveillée. Je fais toujours semblant de dormir, j'attends que l'homme pousse un long soupir. Quand il fera bouger le lit en s'étendant auprès de ma mère, ce sera terminé. Il ne restera pas longtemps. Et puis papa viendra se coucher. Sous le regard de Jésus sur le mur. Et moi j'écouterai, immobile comme un enfant de chœur. Essayant de ne pas respirer. Respirant le plus doucement possible, pour ne pas qu'ils sachent que je suis réveillée. J'aurai des ennuis s'ils savent que je suis éveillée. Je suis censée dormir. Mais à la place, je réfléchis.

Si Jésus pouvait parler, qu'est-ce qu'il dirait, là où il est ?

La porte au nez, 1982

Je fixe la porte bleu-gris qui vient de me claquer au nez. Quelques instants plus tôt, j'ai crié de colère à l'homme qui vit derrière : « Tu pues, de toute façon, va te faire foutre ! »

Cette fois, j'étais allée le voir toute seule vu que les filles qui m'accompagnent d'habitude n'ont plus le droit de venir. Normalement, on y allait à trois. Je savais bien qu'il n'en avait rien à faire de moi. À chaque fois qu'on se voyait, il me critiquait, me trouvait ennuyeuse. Je fixe la porte. Pourquoi est-ce que je suis surprise qu'il me la ferme au nez quand je vais le voir toute seule ?

Ça aurait pu lui faire plaisir de me voir, maintenant que les autres filles ne sont plus là.

Il nous servait toujours des boulettes de viande – bouillies pendant des heures, mais quand on a faim, on mangerait n'importe quoi. En général, on y allait quand nos estomacs criaient famine, dans cet appartement du quatrième étage de la tour HLM, décoré en marron et orange. Et nos estomacs criaient famine à chaque fin de semaine.

Même s'il n'était pas spécialement gentil avec moi, il l'était avec les autres filles, alors quand elles étaient là, ça se passait bien. Je pensais qu'il serait un peu plus gentil avec moi maintenant qu'elles ne viennent plus ; il a toujours dit qu'il aimait bien voir des gens – mais pas moi, manifestement.

Comme j'avais vraiment faim, ce matin, j'ai décidé d'aller frapper à sa porte, affichant mon plus beau sourire. Il a ouvert et refermé. Et entre les deux, il a demandé :

« T'es toute seule ?

— Oui. »

N'oublie pas de sourire gentiment.

Vlan ! Il a claqué la porte si violemment que les murs ont tremblé.

Connard. Comment je suis censée m'en sortir si tu ne me donnes pas à manger ? Personne ne veut de moi. Personne.

Debout dans le couloir, je fixe la porte. Le père des deux autres filles leur a interdit de revenir ici, sans explication. Il a seulement dit : « Vous ne fichez plus les pieds là-bas. » Comme c'est la première fois qu'il s'inquiète pour elles, elles lui obéissent. Même si elles ne comprennent pas, et que ça leur complique la tâche pour trouver à manger. Ces filles doivent se débrouiller toutes seules, comme moi, parce que leurs parents dépensent tout leur argent dans l'alcool, eux aussi. Je les ai rencontrées un jeudi. Leur famille n'avait plus d'argent et elles ramassaient des mégots pour leur père. Je les ai accompagnées chez elles. Leur maison était vraiment en pagaille et très sale. Ça puait.

Il y a toujours pire que soi.

Après, on s'est assises en haut des marches devant chez elles et on a discuté. Je ne leur ai pas donné tous mes trucs pour trouver à manger, parce qu'on est en concurrence, d'une certaine manière, mais je leur ai indiqué les magasins où il est le plus facile de voler. C'est là qu'elles m'ont dit que, quand elles avaient vraiment faim, elles allaient chez ce vieux monsieur et que je pouvais venir avec elle si je voulais. Alors j'y suis allée. La première fois, ça m'a tellement calé l'estomac qu'en rentrant j'ai réussi à les convaincre d'y aller une fois par semaine. C'est ce qu'on a fait, pendant plusieurs mois.

Jusqu'à ce qu'elles n'aient plus le droit et que ce type me ferme la porte au nez. Je n'y suis jamais retournée, sauf pour sonner à la porte et partir en courant. Ma petite vengeance personnelle. Ça ne m'a pas rempli le ventre, mais au moins j'ai eu l'impression de contrôler quelque chose.

Une surprise, 1982

On court tous les trois, les cheveux au vent, vers le cimetière d'Abney Park pour une chasse à la rhubarbe. Papa et maman sont sortis pour la journée. On est partis en laissant la porte ouverte. Tout est normal. Je m'arrête brusquement.

Il y en a une.

Du coin de l'œil, je la vois. Une canette de Fanta dans une cabine téléphonique. À chaque fois que j'en vois une, je suis vraiment contente, parce que quelqu'un l'a laissée là pour nous.

J'ouvre la lourde porte rouge de la cabine pendant que Jack et Harold patientent. Je partage toujours. J'attrape la canette, lançant un sourire aux garçons. Jack ne se tient plus d'excitation.

« Moi d'abord ! Moi d'abord !

— Jack, arrête de sauter partout, tu vas te faire mal. Et puis c'est mon tour de boire la première. »

C'était mon tour, en effet. Je secoue un peu la canette pour estimer ce qu'il en reste. Elle est presque pleine. Quelqu'un doit l'avoir ouverte puis oubliée là. Leur regard impatient me fait sourire. Je prends une grande gorgée.

Immédiatement, je recrache le liquide, lâche la canette et me frotte la bouche.

« Purée… BAAAAAHHH… »

Harold ramasse la canette et éclate de rire, avant de se moquer en chantonnant :

« C'est de la pisse ! C'est de la pisse ! »

Et c'en était.

Une visite chez mamie Mary, 1983

Ma grand-mère est une petite femme trapue qui vit seule en haut d'une tour HLM. À chaque fois qu'on va la voir, ce qui n'est pas fréquent, elle porte le même tablier à fleurs avec des poches sur l'avant. Je crois qu'elle ne met rien dans ces poches, sauf ses mains. Là, on est chez elle. Son appartement est parfait : on pourrait le voir dans un magazine. Sa coiffure aussi est parfaite.

Je savais qu'on allait la voir aujourd'hui parce que, depuis hier, maman est de plus mauvaise humeur que d'habitude, et aussi parce que ce matin on s'est levés pour prendre un bus pour Kennington. J'aime bien cette ligne de bus. On traverse le fleuve puis le quartier Elephant & Castle, avec les grands ronds-points où toutes les voitures se dépassent. Quand on est tout seuls, on se faufile dans les piscines publiques, à Elephant & Castle. Mais pas quand maman est là, vu qu'elle est trop grande pour se glisser derrière les barrières, et encore moins quand on va chez mamie. Pour aller là-bas, ça nous prend toute la journée. Après une visite chez mamie, maman veut toujours qu'on rentre à la maison, parce que cette femme l'épuise, vraiment. On ne peut pas aller nager, parce que maman doit se reposer après une journée pareille. On rentre à la maison, elle se repose dans la cuisine et elle me demande de lui servir un verre.

Comme je n'ai pas le droit de toucher à quoi que ce soit chez mamie, Harold et moi, on sort regarder pardessus le balcon. C'est très haut, presque tout en haut de l'immeuble, mais avec deux étages au-dessus de nous. On voit le marché en bas.

J'adore aller à ce marché. Il y a des bagues, et un tas de choses toutes neuves ou pas si neuves que ça. Mamie nous achète parfois des serviettes, mais jamais les bagues qui me font tellement envie :

« C'est du toc, Hope, tu vas avoir les doigts tout verts.

— S'il te plaît, maman, s'il te plaît... Je peux en avoir une ? Allez...

— Non, Hope, ça suffit.

— Écoute ta mère, Hope, c'est de la mauvaise qualité. N'insiste pas. »

Ma grand-mère râle beaucoup, dans sa barbe ou tout haut. Elle a un visage dur, comme s'il n'avait jamais souri. Sa bouche dessine toujours une ligne droite, comme une règle, et quand elle s'ouvre, c'est pour dire des choses qui me donnent la chair de poule :

« C'est plus ce que c'était, dans cet immeuble, avec tous ces Noirs qui s'installent... Mon Dieu, ces odeurs ! Ils ne peuvent pas manger comme nous ? Toutes ces épices, franchement, je ne vois pas l'intérêt...

Ils viennent chez nous, ils prennent nos boulots, ils changent tout… Quand même, ce n'est pas juste… »

Au lieu d'écouter, je disparais et me mets sur la pointe des pieds pour regarder par-dessus le mur et respirer les odeurs de la ville. J'adore sentir les parfums qui s'échappent des fenêtres des cuisines et imaginer les familles rassemblées autour d'un repas. Manger, manger, manger. Des plats de différentes couleurs et saveurs, le bruit d'une casserole déposée dans l'évier en inox, plaisir d'un quotidien en famille.

Les gens du marché et la vue sur les toits me font m'échapper dans un autre monde.

Maman et ma grand-mère discutent à voix basse dans la cuisine. Mamie donne toujours quelque chose à maman, des serviettes ou autre chose pour la maison, alors qu'on sait tous que maman n'est venue que pour de l'argent.

Ma mère passe une tête par la porte :

« Hope et Harold, venez, maintenant. Venez vous asseoir dans le salon. »

Ça pue, ici.

Comme je m'ennuie, je passe mon doigt sur les meubles. Pas de poussière. Sur la table en verre décorée de cercles blancs, il y a une boîte avec une photo de Diana et Charles, qui se sont mariés il y a presque deux ans. Elle porte une robe bleue et une bague plus grande que tous les bonbons que j'aie jamais vus. J'imagine leur vie parfaite, sans disputes, et je me demande si leur grand-mère les prend dans ses bras, contrairement à la mienne. Même si c'est interdit, j'ouvre la boîte pour voler deux bonbons. J'en mange un et garde l'autre pour plus tard. Je tire la langue en direction de la porte juste au moment où maman arrive :

« Allez, on s'en va. »

Je souris. Je n'aime pas venir ici. Je crois que maman non plus. Ça la stresse et il n'y a rien à boire, sauf du thé. La dernière fois, j'avais presque huit ans, mais aujourd'hui j'en ai presque neuf. À part la fois où elle est venue quand on a emménagé dans la maison où on habite en ce moment, mamie ne nous rend jamais visite. Ça la ferait sans doute aussi râler de venir nous voir.

Je ne me rappelle pas son vrai nom ni lui avoir jamais dit « Salut ! ». Je ne me rappelle pas qu'on m'ait jamais rien dit de mon grand-père, sauf qu'il était mort. Je ne me rappelle pas l'avoir revue avant de nombreuses années. Ma grand-mère a toujours été pour moi une étrangère.

Fête d'anniversaire, 1983

Je sais ! Je vais lui donner une de mes poupées. Mais laquelle ?

Je suis tellement excitée d'avoir été invitée à l'anniversaire d'une fille de l'école que je fais littéralement des sauts de cabri dans la chambre. Papa et maman sont sortis et, jusque-là, j'ai réussi à garder mon secret. Si maman l'apprend, elle m'empêchera d'y aller parce que la fille est noire. Elle est gentille ; à l'école, elle me parle. Je sais que mes parents piqueraient une crise. Quand j'ai reçu l'invitation, toute jolie, avec l'heure et l'endroit écrits à la main par la fille, et un dessin représentant des ballons et un gâteau dans le coin en haut à droite, j'ai tout de suite su qu'il fallait que j'y aille. Et j'ai eu une petite discussion avec moi-même sur la manière de parvenir à mes fins.

Ça doit rester secret et il faut que je trouve un cadeau parmi mes jouets.

Je suis dans ma chambre, farfouillant dans mes jouets. Je sors toutes les poupées et les aligne devant moi. Chacune a sa propre personnalité, mais aucune ne sort du rang pour me dire : « Choisis-moi ! » Je les examine une par une et leur passe une main dans les cheveux pour les recoiffer, comme je le fais moi-même chaque matin. Après les avoir reposées et regardées à nouveau, je me décide pour l'une d'elles.

J'ai bien étudié le trajet pour aller chez la fille. Je m'en vais, serrant mon cadeau des deux mains.

En préparant mon itinéraire, j'ai oublié une chose : les skinheads qui distribuent des tracts pour que les Noirs rentrent chez eux.

Je ne comprends pas. Puisqu'ils vivent à Londres, est-ce qu'ils ne sont pas déjà chez eux ?

J'ai beau les voir presque tous les jours, aujourd'hui, je les regarde différemment, avec leurs T-shirts déchirés, leurs chaînes, leurs tatouages et leurs grosses Doc Martens noires. Je traverse la rue pour éviter qu'ils ne me refourguent un de leurs tracts.

Je vais à l'anniversaire d'une fille qui est noire. Et alors ? Dans ma tête, c'est un acte de courage. J'imagine que je leur tire la langue. J'imagine qu'ils me voient et rentrent chez eux, qu'ils arrêtent de distribuer ces tracts qui me rappellent que ma mère m'empêcherait d'aller à cette fête, si elle le savait.

Des ballons sont accrochés à la porte : ça doit être là. Je toque, la porte s'ouvre et je jette un regard timide à l'adulte qui nous fixe, moi et mon cadeau. À l'intérieur, de délicieuses odeurs de nourriture me donnent le sourire. La musique me rend encore plus heureuse et excitée, plus que je ne l'ai jamais été, sauf quand j'ai eu mon vélo rose. C'est la même musique que chez mes anciens voisins, Lovers Rock. J'adore cette musique, je dandine des épaules. Les enfants me proposent de jouer avec eux. On crie et on rigole ensemble. Je suis tellement excitée que j'ai envie de faire pipi, mais je ne veux pas aller tout de suite aux toilettes, de peur qu'à mon retour ils aient tous disparu. Je m'amuse tellement !

Il y a à manger, aussi. Je dévore des yeux le poulet ; des trucs jaunes bizarres, couverts de petits carrés ; du coleslaw comme chez Kentucky Fried Chicken ; et mon préféré, du riz aux pois. Pas des petits pois, comme dans la publicité à la télé : de gros haricots rouges. Mais pas grave, j'adore aussi ! Je me demande pourquoi personne ne mange. Moi, je meurs de faim. La nourriture se trouve dans la pièce voisine de celle où on joue à la statue musicale ; j'ai un peu peur qu'elle disparaisse. Quand je prends la pause, je me débrouille toujours pour jeter un regard furtif vers la table. Enfin, on a le droit d'aller se servir. Je remplis mon assiette de couleurs et de saveurs qui me raviront bientôt les papilles et les yeux. J'apprends que le truc jaune s'appelle du maïs : ça me picote la langue, c'est à la fois doux et un peu acide. Le beurre qui fond par-dessus rend l'extérieur tout tendre. Mmh, c'est délicieux.

Dans cette même pièce se trouve une pile de cadeaux emballés dans de jolis papiers. Je les regarde en mangeant : je n'ai encore jamais vu de paquets cadeaux ! La petite fille les ouvre après le déjeuner.

À chaque fois, ce sont des « Oh » et des « Ah », des « C'est joli, dis merci ». « Waouh ! Regarde tout ce qu'il y a ! »

Non, non, ne jetez pas le papier!

C'est tout ce que je peux faire, à défaut d'aller le récupérer dans la poubelle. La petite fille ouvre mon cadeau – une poupée enveloppée dans du beau papier toilette, pas ces vieux journaux déchirés qu'on utilise chez nous – avec la même politesse que les autres cadeaux tout neufs. Un adulte demande intelligemment :

« Est-ce que ce cadeau a déjà servi, ma puce ? »

Je ne réponds pas – mais ils le savent bien. Mon visage s'empourpre, soudain aussi rouge que le papier jeté à la poubelle. À la poubelle ! Je n'y peux rien, sinon regarder.

Ne le balancez pas, oh non, ne le froissez pas ! Non, non, donnez-moi ce papier, quel gaspillage, il est tellement beau...

L'adulte ne reparle pas de mon cadeau et n'insiste pas pour savoir s'il a déjà servi. On s'amuse vraiment bien à cette fête ; tous ces jeux, cette nourriture, ces cadeaux, ce joli papier. En rentrant à la maison, je décide de fêter moi aussi mon anniversaire, pour la première fois, à l'âge de neuf ans. Et moi, je garderai le papier cadeau.

8

Secrets de famille

La penderie, 1983

Je n'ai pas le droit de regarder dans la penderie, je le sais bien. Mais aujourd'hui, j'en veux à tout le monde et je suis un peu perturbée. Hier soir, j'ai entendu mes parents discuter. Maman avait pris sa voix distinguée, comme parfois quand elle a bu. Je la trouve ridicule quand elle parle comme ça. Ses ongles étaient parfaits, comme toujours. Mais comme mes parents n'avaient pas assez d'argent pour sortir, ils avaient demandé à leur ami, celui qui vient souvent le mercredi, d'apporter une bouteille de whisky.

J'étais assise par terre, contre le mur de l'entrée. Comme d'habitude, maman avait l'air triste. Quand leur ami est parti, je me suis rapprochée de la cuisine et je les ai écoutés parler pendant qu'ils terminaient la bouteille. La voix de maman était plus triste que d'habitude.

« Tu te souviens de Josie ?

— Bien sûr, comment je l'aurais oubliée ?

— Je n'arrive pas à croire que je l'aie abandonnée… Et Susie… On aurait pu se débrouiller. »

Silence de mon père.

Qui est Susie? Qui est Josie? Est-ce qu'elles sont réelles? Qu'est-ce qu'ils veulent dire, «abandonner»? Abandonner qui?

Leurs voix étaient sourdes, lentes. J'ai eu l'impression que ma mère pleurait. Mon père a fait racler sa chaise. Sans doute pour se rapprocher d'elle.

«Dégage!» a crié maman en reculant la sienne; je l'ai entendue se lever et trébucher. Je suppose que mon père s'est rassis, avant de grommeler des excuses:

«Je suis désolé, désolé... Ça aurait été bien pour Hope d'avoir une sœur mais on ne pouvait pas, tu le sais bien. C'est déjà assez compliqué comme ça aujourd'hui. T'avais pas le choix. Tu le sais bien. On n'arrive même pas à joindre les deux bouts. Regarde ce qu'il faut faire pour survivre dans ce putain de pays! Thatcher aurait des comptes à rendre... Tu as fait ce qu'il fallait. Tu n'aurais eu aucune chance en gardant Susie, avec ta vieille sorcière de mère.»

Jamais je n'avais entendu mon père s'exprimer aussi longtemps. Tout ça pour déclencher la furie de ma mère dans un bruit de verre cassé.

«C'est tout ce que ça t'inspire, bordel? J'ai dû abandonner mes filles et toi, tu ramènes ça à ce putain de pays?»

Des sœurs!

Je ne voulais pas qu'ils sachent que je savais, alors je me suis éclipsée. Maman avait l'air vraiment en colère, ils se disputaient de plus en plus. Je suis partie dans ma chambre en me bouchant les oreilles pour éviter les tirs croisés.

J'ai essayé de m'endormir, mais les pensées se bousculaient dans mon esprit et, en bas, ils continuaient de crier. J'ai enfoui la tête sous l'oreille en espérant ne plus entendre leur vacarme ni leurs insultes, qui renforcent leur relation en leur offrant la joie de se réconcilier – c'est du moins ce que dit mon père. Mais ça n'a pas servi à grand-chose.

Qui est Josie? Qui est Susie? Est-ce que j'ai une sœur? Des sœurs? C'est ça que maman disait: deux sœurs? Une sœur? Waouh! Waouh! Waouh! C'est génial!

Où sont-elles? Abandonnées? C'est bien ce qu'elle a dit, elle a dû les abandonner? Mais alors, pourquoi elle m'a gardée? Est-ce que c'est pour ça qu'elle me regarde bizarrement et qu'elle m'appelle parfois Josie? Maman, maman, maman. Où sont-elles? Qui sont-elles?

Toutes ces pensées m'envahissaient et j'éprouvais du réconfort à me dire que je n'étais peut-être pas seule. Je voulais en savoir plus. Durant la nuit, j'ai rêvé que la penderie interdite m'appelait. Dans mon rêve, j'ouvrais les portes et les filles étaient là, à m'attendre. Mes sœurs, ma famille. Elles entrent dans la chambre et tout est réparé. Ma mère sourit tout le temps et plus aucun homme ne vient chez nous. Il y a des fleurs aux fenêtres, on joue tous ensemble dans le jardin avec les voisins noirs. Mes sœurs me lavent les cheveux, me peignent, je n'ai plus de lentes. Peut-être qu'elles se serviront du shampoing de Holloway: je l'ai gardé, mais je ne sais pas trop quoi en faire parce que maman ne m'a jamais appris à me laver les cheveux avec du shampoing ni avec quoi que ce soit d'autre d'ailleurs. Elles me réveillent à l'heure pour aller à l'école. Elles m'habillent avec leurs vêtements devenus trop petits pour elles et nous partons ensemble à l'école. Mes draps sentent bon et moi, je ne sens plus le pipi. On mange tous en famille autour de la table, et papa et maman restent à la maison, et pas seulement quand ils n'ont plus d'argent. Ma mère me prend dans ses bras de temps en temps.

Un rêve, rien qu'un rêve. Mais quand je me réveille, je suis à la fois obsédée par la penderie et de mauvaise humeur sans raison particulière. Je regarde la penderie tout en m'habillant. Elle est grande, sombre, en châtaignier, je crois, d'après maman. Papa l'a récupérée à la benne et l'a bien réparée et vernie pour elle. Elle dit qu'un jour elle aura une vraie coiffeuse avec un miroir. Papa et maman sont tous les deux couchés sur le ventre dans le lit près du mien, pas du tout dérangés par la lumière du jour. Ils sont enchevêtrés l'un contre l'autre, tout habillés. Papa ronfle.

Je les laisse dormir et descends regarder la télé, mais elle ne fonctionne pas. La lumière non plus : ils ont encore dû nous couper l'électricité. Quand papa se lèvera, il s'en occupera. Je sors m'asseoir sur les marches du perron, les coudes sur les genoux, les mains sous le menton, attendant que mes parents se réveillent, se lèvent et partent au pub. Mes pieds battent sans cesse le sol, mon esprit se heurte toujours à la même question :

Qu'est-ce qu'il y a dans cette penderie ?

Je sais que la réponse est là, je le sais. Il faut que je regarde à l'intérieur. Aujourd'hui. Je ne peux même pas attendre qu'ils se réveillent et s'en aillent. Je rentre nettoyer la cuisine. Il y a du verre brisé partout, là où maman l'a jeté sur papa, et une odeur de whisky et de cigarette flotte toujours dans l'air, mais aujourd'hui je la remarque à peine. Tandis que j'essuie la table avec une serviette que mamie nous a donnée, je ne pense qu'à Josie et Susie.

Qui êtes-vous ? Où êtes-vous ?

Papa et maman finissent par se lever. En regardant maman appliquer à nouveau du fard sur son maquillage d'hier, je commence à être tout excitée à l'idée de découvrir ce qui se cache dans la penderie. Je n'arrive pas très bien à le cacher.

« Hope, qu'est-ce qui t'arrive, aujourd'hui ? Arrête de sauter partout. Hope, tu arrêtes, oui ? Va jouer dehors... Tais-toi, espèce d'idiote. Fiche le camp et emmène tes frères. »

Dans le jardin, j'essaie de me tenir tranquille pendant que les garçons déterrent des vers de terre pour les couper en deux – ça fait deux fois plus de vers de terre. Il ne fait pas chaud, mais pas froid non plus. Papa et maman finissent par s'en aller : je sais qu'ils ne reviendront pas de la journée.

Assise sur le lit de mes parents, je la fixe. Cette penderie, ils m'ont interdit si souvent de l'ouvrir. Vu le nombre de fois où ils m'ont surprise à leur chiper des choses, je suppose qu'ils y rangent tout ce que je ne dois surtout pas voler. L'effervescence monte. Elle est tellement grande ! Les rayons de soleil qui passent par les trous des rideaux couvrent sa porte de taches lumineuses qui dansent comme des fées. Cette penderie est immense. Je ne l'ai jamais vue ouverte, alors qu'elle se trouve dans ma propre chambre. Je m'approche, de plus en plus excitée, mais j'ai tout mon temps : papa et maman ne rentreront pas avant la nuit.

La porte est lourde. Je la tire. Un moment, j'ai peur de laisser des traces avec mes ongles pleins de boue, mais j'ai tellement hâte de découvrir un trésor que cette pensée me quitte avant même que je l'aie entièrement formulée.

L'intérieur de la penderie est spacieux. Je reconnais le costume de papa, celui qu'il porte au tribunal, et le deuxième chemisier de maman. Aujourd'hui, elle a mis l'autre.

Rien d'excitant à part cela ; j'ouvre le tiroir. Il résiste, mais je parviens à l'extraire en le secouant un peu. Je suis nerveuse. Et impatiente. J'ai sous les yeux le contenu du tiroir de la penderie interdite. Il y a deux boîtes à l'intérieur. Je sors d'abord la noire, qui ressemble à une caisse, et la pose sur le lit. Elle n'est pas fermée à clé ; je l'ouvre des deux mains, les yeux rivés sur elle pour ne pas retarder le moment de la découverte.

De l'argent ! Plusieurs pièces rangées dans une boîte en plastique, avec une étiquette. Il me faut un moment pour lire ce qui est écrit : 15 février 1971. Je me dépêche d'ouvrir la boîte pour prendre les pièces et les fourrer dans ma poche, avant de cacher l'emballage sous mon matelas.

La boîte ne contenant rien d'autre d'intéressant, je la repose dans le tiroir. L'autre est en carton : c'est une vieille boîte à chaussures. Je ne savais pas que maman avait déjà acheté des chaussures dans un vrai magasin. Au marché, ils ne donnent jamais de boîte. Celle-ci est grisâtre et a dû être souvent manipulée, d'après les traces de doigts sous la poussière. Un des coins est déchiré et rebique un peu. Il y a des éclaboussures sur le couvercle ; on dirait la trace de gouttes d'eau, comme celle que laissent les flocons sur la fenêtre ou la pluie sur le sol, au tout début d'une averse. Je sors doucement la misérable boîte du tiroir et en soulève le couvercle, sans faire voler la poussière.

J'ai beau regarder, je ne comprends pas. Elle contient deux minuscules bracelets et des bouts de papier jaunâtres pliés. Les bracelets portent le nom du même hôpital, avec deux dates différentes. Je les observe l'un après l'autre puis les pose doucement sur le couvercle, avant de déplier délicatement les bouts de papier.

Des certificats de naissance!

Un au nom de Susie, l'autre au nom de Josie. Même si j'ai souvent loupé l'école, je sais faire des additions. Ma mère avait dix-sept ans quand Susie est née. Elle n'a pas le même nom de famille que moi et mon père. Josie est plus âgée que moi, mais plus jeune que Phillip. On a le même nom. J'en reste bouche bée. Je repense à la discussion d'hier soir, qui tourne à nouveau en boucle dans ma tête. Je replace les bracelets et les certificats de naissance dans la boîte, leur cachette secrète. Peu à peu, je réalise.

Des sœurs... J'ai vraiment des sœurs!

Maman avait voulu conserver des souvenirs tangibles de ses enfants perdus. À ma grande honte, je les lui ai pris quelques années plus tard, lors d'une visite. J'ai compris aujourd'hui que ces éclaboussures sur la boîte sont sans doute les traces de ses larmes. Pendant de nombreuses années, je ne lui ai posé aucune question sur mes sœurs et quand elle était d'humeur morose, maman m'appelait souvent Josie. Sans qu'elle le sache, du jour où j'ai ouvert cette penderie, j'ai un peu mieux compris pourquoi. Je me suis pourtant approprié ces bracelets comme s'ils avaient été à moi. Je le regrette, car au fil de mes déménagements, je les ai perdus – la seule trace concrète pour moi de l'existence de mes sœurs, et pour ma mère, l'unique souvenir de ses filles aînées.

Quant aux pièces de monnaie, il s'agissait d'une série spéciale éditée pour le passage au système monétaire décimal[1]. Mais pour moi, à neuf ans, c'était tout simplement de l'argent. Malheureusement, je n'étais pas une voleuse très douée. Quelques jours plus tard, maman a découvert la preuve de mon forfait, qui a mis mes parents très en colère. Ironique. Pourquoi ne leur aurais-je pas ressemblé ? Ce sont eux qui nous ont appris à voler, quand d'autres enfants apprennent à jouer, à se laver les mains, à lire et à écrire auprès de leurs parents.

Bien que ma mère ait abandonné mes sœurs, ou qu'elles lui aient été enlevées, je n'ai aucun souvenir de quelconques visites des services sociaux. Je revois en revanche très bien mes parents récupérer les pièces de monnaie qui alimentaient le compteur de gaz, ayant l'assurance que les services sociaux nous redonneraient de l'argent. Quand mes parents allaient leur réclamer de l'aide, ils nous laissaient souvent au bout de la rue. Ils dépensaient l'argent dans l'alcool, pas pour leurs enfants. Plus ils nous négligeaient, plus ils mentaient aux services sociaux et à la police. Mes parents faisaient tout pour éviter la visite des assistantes sociales ; quand quelqu'un devait venir, ils nous demandaient de partir. Il était donc rare que l'on nous voie à la maison, et les services sociaux ne nous ont pas pris en charge. S'ils s'étaient souciés de nous plus tôt, je me demande ce que cela aurait changé. Rien, peut-être.

---

1. Le 15 février 1971, le Royaume-Uni a adopté le système décimal pour sa monnaie. Auparavant, la livre était divisée en 20 shillings, divisés eux-mêmes en 12 pence. (*N.d.T.*)

Mon anniversaire, 1983

« Papa, je peux avoir des cartes d'invitation ?

— Pour quoi faire, Hope ?

— Pour mon anniversaire, papa. S'il te plaîîît... Ils en ont à la poste.

— D'accord. »

Quelques jours plus tard, pas de nouvelles.

« Papa, tu les as achetées ?

— Quoi donc, Hope ?

— Les cartes d'invitation. Pour mon anniversaire, papa, tu te rappelles ?

— Ah oui, euh, eh bien, on en avait parlé, c'est vrai... Je les achèterai tout à l'heure, quand j'irai chercher mes allocations, d'accord ? »

Je cours prendre mon père dans mes bras, qui m'attrape et me fait tournoyer dans les airs. Je ris. Mon père me repose sur ses pieds et on danse tous les deux. Il chante et moi je danse sur ses pieds. Un avant-goût de ma première fête d'anniversaire emplit l'atmosphère.

Je suis impatiente de rentrer. C'est un mot que la maîtresse m'a appris aujourd'hui : « Hope, ne sois pas impatiente. » Ensuite, elle m'a expliqué ce que ça voulait dire.

Je sais qu'il n'y aura personne quand je rentrerai. On est lundi, le jour où papa et maman vont chercher leur argent, laissent un billet de cinq livres sur la cheminée, sortent tous les deux et reviennent chacun de son côté à la maison.

Je pense beaucoup aux invitations. J'ai prévu de les préparer ce soir et je sais exactement à qui je vais les donner. Six copines : Gemma, Emma, Lucy, Jenny, Dot et Mandy. Par chance, l'école est juste au bout de la rue, alors en courant, il me faut à peine deux minutes pour arriver à la maison. Je pousse la porte d'entrée, restée ouverte comme d'habitude, et continue ma course jusqu'au salon. La porte claque une fois de plus contre le mur, faisant tomber un éclat de plâtre. Mais aujourd'hui, je ne prends pas le temps de regarder les dégâts ; je n'ai d'yeux que pour le manteau de la cheminée, où doivent se trouver le billet de cinq livres et les invitations.

Je vois le billet ! Mais où sont les invitations ?

Je traverse la pièce, soulève le billet : rien. Je regarde par terre au cas où elles seraient tombées, puis sous le coussin du canapé, mais tout ce que je trouve, c'est un journal du National Front. Je fouille partout dans le salon. Les larmes me montent aux yeux et je m'effondre par terre, pleurant de tout mon cœur jusqu'à ce que mes frères arrivent. J'ai le sentiment d'avoir été sciée en deux. Je leur donne le billet pour aller s'acheter un kebab, mais ils me regardent en poussant un gros soupir. Je me relève et prends la petite main de Jack : même si j'ai le cœur brisé et les yeux encore gonflés de larmes, je ne peux pas les abandonner ni les laisser sortir seuls.

Mon stylo tambourine sur le pupitre. J'adore l'école, mais aujourd'hui je n'attends qu'une chose : rentrer demander à mon père ce qui s'est passé. Ce matin, en me réveillant, j'ai décidé de fêter mon anniversaire quoi qu'il arrive. Je n'ai pas de cartes d'invitation, et alors ? J'ai une bouche, je peux m'en servir pour inviter mes copines. Elles savent bien où j'habite, juste au bout de la rue.

Quand j'arrive à la maison, papa est toujours au lit. Je le secoue un peu et il lève légèrement la tête, avec une mauvaise haleine d'alcool et de cigarette. Il a les yeux injectés de sang, je vois bien qu'il n'a pas encore récupéré de la veille. Normalement, le mardi, on ne doit pas faire de bruit. Mais là, c'est important, et mon désespoir m'a rendue déterminée. Encore un mot que j'ai appris à l'école. J'ai demandé à la maîtresse comment on dit quand on a vraiment, vraiment envie de quelque chose et qu'on travaille dur pour l'obtenir. On dit qu'on est « déterminé », elle m'a répondu. Alors c'est comme ça que j'ai décidé d'être avec papa. Déterminée.

Je le regarde, immobile.

« Papa, j'ai pas trouvé les invitations. Qu'est-ce qui s'est passé ?

— Eh ben, euh, ils n'en avaient plus... »

Je sais qu'il ment, parce que j'ai vérifié hier matin à la poste, mais je ne relève pas.

« Et tu as cherché dans un autre magasin ? Papa ? »

Je le secoue. Il se redresse en position assise, se frottant le crâne et les yeux.

« Désolé, Hope, j'en ai pas trouvé. J'ai cherché, tu sais... »

Il m'ébouriffe les cheveux et me sourit. Il a encore perdu une dent.

« Tiens, attrape-moi ma veste... Regarde, qu'est-ce que tu dirais de ça à la place ? »

Il me tend un tube de rouge à lèvres. Je sais qu'il l'a volé pour maman. Tous les jours, il lui rapporte quelque chose : un magazine, du fard à paupières, du mascara, du rouge à lèvres.

« Non, papa, c'est pour maman. C'est pour elle que tu l'as pris. Moi, il me faut du chocolat, des chips et des gâteaux. Ma fête est dans deux jours. Allez, papa. S'il te plaît !

— T'es bien la fille de ta mère, toi. OK, Hope… »

C'est le grand jour. Je suis tout excitée et le soleil brille. Le vrai jour de mon anniversaire, c'était hier et il pleuvait. J'ai joué avec un chien. Son maître est monté à l'étage avec maman et moi, j'ai joué avec le chien et un bâton dans le jardin. Ce chien, je ne l'aime pas et il me le rend bien. C'est lui qui a gagné : à un moment, quand j'ai attrapé le bâton, il m'a mordue.

Maman et le type sont descendus en courant, avec leurs hauts débraillés.

Le type a payé le taxi pour aller à l'hôpital. À l'accueil, la dame avait un drôle d'accent. « Bon anniversaire ! C'est bien le comble que ça t'arrive un jour comme celui-là ! »

Le type lui a dit qu'elle avait un joli accent irlandais et m'a demandé si c'était vraiment mon anniversaire.

« Ouais. »

Il a regardé ma mère bizarrement. À ce moment-là, ils avaient bien remis leurs habits tous les deux. Ma mère tirait vraiment une drôle de tête, mais pour une fois elle n'était pas en colère. J'ai passé ma journée d'anniversaire à m'énerver, avec des tas de pensées qui se bousculaient dans ma tête et que je n'arrivais pas à exprimer.

Qu'est-ce qu'il fait là, pourquoi il est venu ? Tout ça, c'est à cause de son chien. Il a fait des sales trucs avec ma mère.

La pression est montée. Finalement, je me suis retrouvée face à face avec lui dans la salle d'attente de l'hôpital.

« T'es un connard. »

Voilà, c'était sorti. Un mot pour résumer tout ce que je ressentais. La ritournelle a recommencé dans ma tête : « Meurs, vieux dégueulasse. Meurs, vieux dégueulasse. »

Maman a rigolé et éloigné le type. On m'a fait une piqûre, et après le type nous a emmenées chez McDonald's. Première fois que j'y allais.

« C'est américain », a dit ma mère d'une voix qu'elle voulait encore élégante même si le type lui avait déjà donné ce qu'elle voulait : de l'argent.

Je ne savais pas du tout où était papa ni ce que voulait dire « américain ». Pour mon anniversaire, j'ai mangé un cheeseburger payé par le sale type dont le chien m'a mordue et que j'ai traité de connard, et un docteur m'a piquée avec sa grande aiguille.

Mais aujourd'hui, jour de ma fête, le soleil brille et je regarde mon père tenir sa promesse. Le seul problème, c'est que dans mon esprit, papa et maman ne seraient pas là pour ma fête. À chaque fois que j'y ai pensé, ça se passait sans eux. Mais ils sont là. Tous les deux, à boire un verre, et papa met un disque d'Elvis.

Oh non, pas ça… Allez-vous-en, allez-vous-en !

Sur la table sont disposés des sandwichs, des feuilletés à la saucisse, des brochettes de saucisses – sauf qu'il n'y a pas de piques, alors c'est juste des saucisses. Finalement, on a aussi mis des chips et des sodas. Avec un verre de Fanta à la main, j'oublie mon inquiétude. Je danse sur les pieds de papa et je ris en attendant mes amies.

Une demi-heure plus tard, papa et maman boivent ensemble, Elvis baisse le ton et j'ai redisposé les assiettes sur la table, après avoir regardé par la fenêtre si je les voyais arriver. J'avais dit 14 heures, samedi. Il est 15 h 30.

Peut-être que l'horloge est mal réglée. Le temps passe, mais l'horloge doit se tromper.

Mon inquiétude grandit. Je fais les cent pas dans la maison, ignorant papa qui me demande avec insistance de « rester tranquillement assise ». J'attends, encore et toujours. Personne n'arrive.

Une demi-heure passe à la montre de mon père et la bouteille de whisky se vide encore de deux centimètres.

Personne n'arrive.

Je fais les cent pas dans le salon, puis dehors. Dans un éclair de détermination, je prends mon vélo dans le couloir et m'élance dans la rue. Personne chez Lucy. Et chez Maggie ?

Maggie n'ouvre pas la porte, mais me parle à travers la fente de la boîte à lettres.

« Désolée, Hope, mon père veut pas que j'aille chez toi. »

Je fronce les sourcils. La question qui me vient à l'esprit est « Pourquoi ? » mais je ne la pose pas – impossible. Elle doit lire dans mes pensées parce qu'elle me répond quand même.

« J'ai pas le droit. Je suis désolée.

— S'il te plaît, viens ! Il y a des chips, du jus d'orange et tout ça.

— Je peux pas. Mon père veut pas. C'est pareil pour les autres filles, Hope. Personne n'ira à ton anniversaire. »

Le clapet de la boîte à lettres se referme dans un claquement.

Je reste là un moment, très perturbée, à fixer la plaque de métal.

Papa va m'expliquer, il me dira pourquoi mes amies sont si horribles. Je ne leur parlerai plus jamais, jamais.

En rentrant à la maison sur mon vélo, la phrase résonne dans ma tête : « Personne n'ira à ton anniversaire. » De la rue, on dirait pourtant que la fête a commencé. Elvis beugle sur le tourne-disque. J'ouvre la porte, mais la maison est vide, aussi vide que la bouteille de whisky sur la table. Papa et maman ont grignoté dans les assiettes et sont partis au pub. Ils ne m'ont pas laissé de mot, mais je le sais. J'arrête le disque en faisant exprès d'écraser les sillons. Je ne veux plus jamais entendre Elvis. J'écoute le silence devant la table couverte de nourriture. Je me sens mal, il faut que je parte d'ici. Je m'en vais en claquant la porte de toutes mes forces, monte sur mon vélo et pars chercher quelqu'un avec qui jouer. Et je fais le serment de ne plus jamais dire à personne que c'est mon anniversaire. Jamais.

9

Du soir au lendemain

Un soir d'août, 1983

On regarde la télé, Harold, Jack et moi, seuls à la maison. Parfois en retrait, parfois dans l'action, faisant semblant de ne pas avoir peur. C'est notre programme préféré, *La Maison de tous les cauchemars.* Il y a treize épisodes en tout, et celui de ce soir s'intitule « Un étrange réveil ».

Pendant les coupures de publicité, on rejoue les scènes : moi, je suis Eleanor Summerfield dans le rôle de Lady Strudwick, et Jack joue Norman Shenley, l'agent immobilier qui a des cauchemars et doit aller à l'hôpital. Harold, c'est M. Rayburn : il opère Norman puis l'enferme dans la morgue alors qu'il est vivant. Les coussins déchirés du canapé font office de table d'opération. On utilise tout l'espace du salon, mais dès que le film reprend, on se rassoit à nos places, envoûtés par l'écran.

Le livret d'allocations familiales de maman attend papa sur la cheminée, là où je l'ai posé un peu plus tôt, juste en face de la porte du salon. Tout à l'heure, papa va rebondir comme une boule de flipper sur le coin de cette porte, n'essayant même pas de cacher qu'il est soûl, et trouvera la force de venir s'asseoir en zigzaguant.

À la nuit tombée, comme il n'est toujours pas rentré, je demande aux garçons d'aller mettre leurs pyjamas. Ils se plaignent qu'ils sont un peu humides et qu'ils sentent mauvais, mais ma chemise de nuit aussi. Moi, je repousse la partie humide sur le côté, comme ça je ne la sens pas quand je m'assois. Je leur dis de faire pareil.

Jack ne m'écoute pas. Il préfère sauter d'un pied sur l'autre en faisant claquer son pantalon de pyjama au-dessus de sa tête, comme un drapeau, pour essayer de le sécher. Il finit par se fatiguer et se rassoit.

Où est papa ? Où est papa ?

Quand l'assistante sociale – « la vieille conne », comme dit souvent maman – est venue tout à l'heure, je n'ai vu d'elle que ses doigts dans la fente de la boîte à lettres. Elle n'a même pas sonné ; elle a juste glissé le livret par la fente, avec un mot écrit à la main.

Maintenant, je sais lire, alors je déplie le mot. Peut-être que c'est important et que je devrais aller chercher papa ? Je suis sûre que c'est à propos de maman. Hier soir, tard, papa et elle ont eu une grosse dispute, et à mon avis, c'est parce qu'elle devait retourner au tribunal. D'une jolie écriture, le mot explique que maman ne rentrera pas. Je le lis, encore et encore. Je décide finalement de ne pas aller chercher papa. Il sera désespéré, quand il l'apprendra. Quand maman n'est pas là, il est tout penaud, comme ce chiot qu'on avait vu une fois à London Fields et qui avait perdu sa mère.

« Mme Daniels est allée en prison pour racolage : elle a pris trois mois. Comme ils l'ont emmenée directement à Holloway, elle m'a donné le livret d'allocations familiales afin que je vous le remette. Vous pourrez aller toucher l'argent chaque lundi. Si vous avez besoin d'aide avec les enfants, venez nous voir au bureau. »

Racolage ? Qu'est-ce que ça veut dire ?

La voix de ma mère absente résonne à mes oreilles : « Hope, qu'est-ce que t'as à toujours poser des questions ? »

Mais il faut que je sache !

Quoi que ce mot veuille dire, maman ne va pas revenir pendant quelques mois. Ça ne me rend ni triste ni gaie. Tout ce que je sais, c'est que ce sera plus calme. Pas de disputes, pas de types en costume qui viennent à la maison. Adieu les deux frères, l'odeur d'alcool dans la cuisine et leurs sales mains sur les seins de maman quand elle leur sert un verre, devant papa qui fait semblant de ne rien voir et ne pense qu'à l'argent.

Ils ne monteront plus de sitôt là-haut tous les trois, laissant papa tout seul à boire des verres comme s'il essayait d'oublier quelque chose. Les chauffeurs de taxi ne viendront plus frapper à la porte pour réclamer le prix de la course et menacer d'appeler la police. Un sentiment de soulagement m'envahit : il n'y aura plus que papa et nous pendant quelque temps.

Le livret d'allocations familiales est là, tentateur. Je pourrais le cacher pour aller moi-même chercher l'argent, mais je n'ai pas envie que papa croie que je l'ai volé. Je me soucie davantage de ce qu'il pourrait penser que de l'argent en lui-même. Alors je laisse le carnet où il se trouve. Papa va bientôt rentrer nous dire que tout va bien. J'essaie de ne pas penser, de garder mes questions pour lui, mais je me demande quand même ce qui s'est passé.

Pourquoi est-ce que maman est allée en prison ? Qu'est-ce qu'on va faire, maintenant ?

Je sais qu'il sera de retour après la fermeture des pubs. Il rentre toujours tard les soirs où maman s'en va, à la fois triste et bougon. Mais je m'occuperai de lui. Au moins, cette fois, on sait où elle est.

Comme on n'a rien à manger, on se contente d'un verre d'eau du robinet. La soirée continue devant *La Maison de tous les cauchemars*, dans nos pyjamas humides.

On ne les a même pas entendus arriver. Il a bien dû y avoir un peu de bruit, un grondement venu du bout de la rue. Enflant comme une menace. Une meute en colère, des voix d'hommes et de femmes tout droit sortis du pub. Une immense vague battant le pavé, chacun excitant l'autre en remontant la rue. Une vague de pensées destructrices derrière un mur de gens en colère. À quoi pensaient-ils donc à ce moment-là ? Peut-être ne pensaient-ils pas.

Non, ils ne pensaient pas.

J'entends un cri et réalise que c'est le mien. Au milieu du salon gît une bûche, entourée de petits éclats de verre et de morceaux plus grands, triangulaires. Soudain, comme un feu d'artifice, le bruit résonne contre les murs. Mon instinct se réveille. Je me jette à travers le canapé pour m'emparer de mes frères et les emmener avec moi, tête baissée.

« Allez, allez ! »

J'ai tellement peur que je chuchote, cherchant désespérément un endroit sûr où nous abriter.

« Oh non, oh non, oh non… » Tout mon corps tremble, mais j'essaie de ne pas montrer ce que je ressens. Je pousse les garçons vers le couloir en longeant le mur du salon.

« Vous êtes blessés ? Vous êtes blessés ? »

Tous deux me jettent un regard apeuré et secouent la tête sans un mot. Nouvelle interruption : une attaque de briques et de planches, chacune perforant la fenêtre avant d'atterrir sur le sol. Une pluie d'objets ramassés dans les jardins ou les ruelles nous sont projetés les uns après les autres ; des objets ordinaires transformés en missiles impossibles à arrêter. On baisse la tête, le souffle court, avant de se précipiter tous les trois à l'étage. Je pousse les garçons dans la chambre de derrière.

« Fermez la porte à clé et restez là jusqu'à ce que je revienne. »

Mes instructions fusent en même temps que les briques et les bouts de bois.

Le bruit d'une foule en colère grossit derrière la porte d'entrée.

« Gaaarce ! »

« Putain ! »

« Salope ! »

« Vieille pute ! »

Des cris d'adultes, assoiffés de sang.

Oh merde, ils sont à la porte.

Boum, boum, boum. Sur la porte.

Je m'accroupis en haut de l'escalier, sauvage dans ma peur, prête à protéger mes frères.

Faut-il que j'ouvre la porte ? Que je leur dise qu'on est tout seuls, mes frères et moi ?

Le martèlement continue. J'ai envie de pleurer.

Bruit sourd. Deux fois. Nouvel éclat de verre dans le salon.

Je cours dans tous les sens dans l'escalier.

« S'il vous plaît, laissez-nous tranquilles… »

Est-ce qu'ils m'entendent ? Maman… Je veux ma maman !

Jusqu'à ce soir, les gens nous ignoraient ou avaient pitié de nous. Ça ne me plaisait pas, mais j'aurais pu vivre avec. Je cours dans la chambre côté rue, à l'étage, pour essayer de voir ce qui se passe. Un groupe de gens, uniquement des adultes ; des voisins, pour certains. En colère. Qui crient. Qui hurlent. Qui aboient. Un homme lève un bras tatoué au-dessus de la tête ; joli tir. Quelqu'un le félicite d'un hochement de tête et d'une tape sur l'épaule.

On dirait le type qui nous donne des tartines au sucre, là-bas… Merde alors !

Une demi-brique, cette fois, en plein vers la pièce où je me trouve. Ils visent l'étage, ils atteignent l'étage. La fenêtre cède sous la pression. Des éclats de verre partout. Je recule. Certains lèvent les bras.

« Laissez-nous tranquilles, s'il vous plaît… »

Ils ont un tas de bois, de briques et de pierres ; les hommes comme les femmes se tiennent prêts à détourner ces objets de leur fonction première pour s'en servir de missiles destinés à nous terroriser.

« Salope, t'approche plus de mon mari ! »

« Sale pute ! »

« Dégage ! »

Ils sont tous heureux de faire des trous plus ou moins grands dans les fenêtres de notre maison où, à neuf ans, je me terre, pétrifiée. Où nous sommes seuls, tous les trois, les plus jeunes de la famille, à affronter la foule par cette chaude soirée d'été. Une soirée où même les oiseaux ont arrêté de chanter.

Pourquoi est-ce qu'ils nous détestent ? Maman, tu as couché avec le père de quelqu'un ? Le sexe, c'est sale. C'est pas bien.

Je fais des allers-retours dans l'escalier ; l'envie d'agir me propulse là-haut, la peur me fait redescendre. Je monte et je descends. J'atteins la porte, mais ne l'ouvre jamais pour leur dire qu'on est seuls. Qu'ils s'attaquent à des enfants. Maman est déjà partie. Papa va bientôt rentrer.

Papa, papa…

À chaque fois que j'arrive en bas, je m'adresse à eux en sanglotant, espérant qu'ils m'entendent de l'autre côté de la porte.

« Laissez-nous tranquilles, allez-vous-en, s'il vous plaît ! Maman n'est pas là. Allez-vous-en… »

Un autre bras se lève et une brique s'engouffre dans la pièce. Un soupçon d'automne perce dans la douceur de l'air estival.

Toutes les fenêtres sont cassées. Je me replie sans cesser de marmonner entre mes dents, espérant qu'ils soient partis. La foule semble calmée.

Ils ont fini ? Ils sont partis ?

Je me tiens à la rampe cassée de l'escalier. Je m'assois. J'écoute. Un bruit d'aérosol, je crois, de l'autre côté de la porte. Incapable de faire quoi que ce soit, je craque. Mes pleurs me coupent la respiration, j'ai la tête qui va exploser. Tant pis, j'abandonne. Je n'ai plus qu'à attendre que ça se termine, les bras recroquevillés autour des genoux, en larmes. J'attends. J'attends qu'ils rentrent chez eux en oscillant le buste d'avant en arrière sur la marche où je suis assise. J'attends qu'ils contemplent notre maison détruite et qu'ils rentrent dans la leur. Est-ce là, chez eux, qu'ils ont mûri leur projet, qu'ils se sont dit « Allez ! » ? Comment sont-ils arrivés jusqu'ici ? Est-ce qu'ils ont vérifié que c'était la bonne adresse ? Est-ce qu'ils ont dit : « C'est là » ?

On ne les a pas entendus, on ne savait pas qu'ils allaient s'en prendre à nous.

On est des enfants. Eux, des adultes. C'est un groupe d'adultes qui a décidé de faire ça.

Le calme est revenu, maintenant. Je cours jusqu'à ma chambre pour voir s'ils sont vraiment partis. Les derniers sont en train de s'en aller, remontant la rue en riant et criant comme des animaux.

Lentement, je descends ouvrir la porte. En un instant, mes yeux sont noyés de larmes et tout mon corps se met à trembler. J'ai devant moi le dernier acte, la scène finale, l'ultime cadeau de ces gens. Peint en rouge sur notre porte bleue. Je sais lire, maintenant.

« GARCE. »

Je referme la porte et déambule dans la maison, pieds nus, en évitant les bouts de verre. Les bras ballants, la tête basse. Seule. Personne n'est venu nous aider. Ils nous détestent tous. On ne distingue même plus le sol ni le canapé du salon. Tout est cassé, couvert de planches, de bûches, de bris de verre, de briques. Il y en a même une dans la télévision.

Je me souviens soudain que mes frères sont là-haut et me précipite à l'étage. Jack pleure tellement qu'il en suffoque. À nouveau, je craque. On s'engage tous les trois dans le couloir, en pleurs, blottis les uns contre les autres dans nos pyjamas humides, entourés de bris de verre et de l'écho des cris de la foule qui résonne encore à nos oreilles.

« Garce ! »

« Putain ! »

Quand Phillip arrive, je suis toujours assise sur l'escalier. Dans un état second, nous errons tous les deux dans la maison. Il me tient la main.

Il y a du verre partout. Il surveille où je pose les pieds.

Je prends une brosse pour commencer à tout nettoyer, mais il m'en empêche. Il préfère rassembler des objets pour barricader la porte et m'explique qu'il doit repartir. Il dit à mes petits frères, qui sont toujours en pleurs, de s'enfermer dans leur chambre. Il va me laisser toute seule.

« Non, Hope, il faut que je m'en aille, et toi, tu dois aller te coucher. Tu ne laisses personne entrer, sauf papa. »

Phillip balaie le salon du regard avec une expression que je ne comprends pas, et s'en va. J'entre dans le salon ouvert aux quatre vents. Mes jambes se dérobent et je m'effondre sur le sol en sanglots.

Je déteste ma vie. Je veux que ça s'arrête. Quand est-ce que ça va s'arrêter?

Jamais je ne me suis sentie si seule et démunie.

Ce moment-là, je n'ai jamais cessé de le revivre. Ce sentiment de peur et de dégoût demeure vivace. Des réminiscences m'envahissent et me projettent à nouveau dans cette soirée. Comme si le passé était encore bien présent. La simple vue d'un bow-window, n'importe où, suffit à raviver mes souvenirs et mes sensations. J'ai beau m'efforcer de les chasser de mon esprit, j'y reviens toujours. La peur et le désespoir me submergent avec la même force qu'alors.

Je reste assise là jusqu'au retour de Phillip.

«La police a dit qu'on devait barricader la porte et s'en aller si jamais ils reviennent. Aide-moi à déplacer le canapé.»

Je suis morte de fatigue, mais fais de mon mieux pour l'aider à traîner notre vieux canapé puant hors du salon.

«Je vais attendre papa, Hope. Toi, va te coucher.»

Même si on a déblayé les bouts de verre de mon matelas, il fait trop froid pour que je m'endorme. Je tourne et me retourne sous ma couverture, n'évitant jamais tout à fait la zone humide qui me rappelle toutes ces nuits où j'ai fait pipi au lit.

Je me redresse en sursaut en entendant mon père tambouriner à la porte qu'il n'arrive pas à ouvrir. Il est soûl, il hurle :

«Ouvrez cette porte, bande de salopards, vous m'avez enfermé dehors! Bordel de merde…»

Boum, boum, boum.

J'entends Phillip lui répondre. Je me lève et sèche mes larmes.

Papa est rentré.

Quand j'arrive sur le palier, mon père titube en bas de l'escalier.

«Qu'est-ce que c'est que ce foutoir? Qu'est-ce qui s'est passé, ici?

— J'en sais rien, papa. Tu te souviens que la bande de salopards était toute seule à la maison? Où est maman, bordel? Encore à King's Cross?

— Non. Non, elle n'est pas là-bas…»

Je n'ai jamais vu mon père dans un tel état. Il tient à peine debout et se cogne contre les murs en jurant.

«Fiche-moi la paix, j'vais m'coucher.

— Hope, au lit», me lance Phillip avec un regard découragé.

Allongée sur mon matelas, je me perds dans mes pensées : *Pourquoi les gens sont-ils si méchants ? Qu'est-ce qu'on a fait ? Qu'est-ce que je vais devenir ? Je déteste ma vie, je la déteste !*

Mes larmes recommencent à couler sur mon oreiller humide. D'une main rageuse, je les essuie dans un geste exagéré.

Je suis plus forte que ça. Je suis plus forte que ça.

Ça me calme, comme de compter les moutons.

Je suis plus forte que ça. Je suis plus forte que ça.

Alors que je commence à sombrer, un grand bruit me réveille, suivi d'un cri de mon père.

Il est tombé, c'est pas grave. Il va se relever dans une minute.

Je me retourne et me laisse glisser dans un sommeil agité.

À mon réveil, le lendemain matin, je descends aux toilettes en courant et m'arrête net devant la porte. Mon père est étalé sur le sol, dans une mare de merde. Je suis prise d'un haut-le-cœur. Des larmes, encore. Je m'accroupis et le secoue.

« Papa, lève-toi, papa, t'es couvert de merde. Allez, lève-toi. »

Je remonte en courant pour enlever ma chemise de nuit mouillée. Elle pue l'urine. Je remets mes habits sales. *Ils puent.* Comme d'habitude. Je retourne en bas chercher un balai.

Il faut que je nettoie tout ça, il faut que je nettoie.

J'ouvre grand la porte d'entrée, tellement en colère que j'ai envie de tuer quelqu'un avec tous ces bouts de verre que je balaie en piles.

« Hope, bordel, arrête ça, tu veux ? » crie mon père. Il a dû émerger et aller se coucher.

Je cours à l'étage avec l'intention de lui dire: «Eh ben vas-y, t'as qu'à le faire, toi!» Mais je m'arrête net là encore. Pour la deuxième fois de la matinée, mon père me choque. Il est assis sur le rebord du lit et il pleure. Je me désagrège. Mes larmes jaillissent, aussi incontrôlables que les siennes. J'ai un élan vers lui mais je n'y vais pas. Mon père, grand et fort, que j'aime tant, est en train de pleurer et d'appeler à l'aide.

Je le regarde et le vois tel qu'il est. Quelque chose en moi se casse.

C'est terminé. J'ai trop mal à la tête. J'ai l'impression que mon cœur va se briser.

Je le laisse à ses larmes et vais réveiller les garçons. Je réfléchis à ce qu'on pourrait faire de bien aujourd'hui.

«Venez, on va à la piscine à Elephant & Castle.»

Tout excités, ils sautent dans leurs vêtements et me suivent pour aller prendre un bus. Devant eux, je ne laisse rien paraître, mais je n'arrête pas de réfléchir.

Qu'est-ce que je peux faire? On ne peut pas continuer à vivre comme ça.

Dans le bus qui nous ramène à la maison, malgré la fatigue, on est tous les trois un peu plus sereins. Je regarde par la fenêtre en laissant mes pensées divaguer, mais je n'ai toujours aucune réponse.

Que faire? Où aller?

Et puis je le vois. Le poste de police de Stoke Newington.

Pour la première fois depuis longtemps, j'entrevois une solution. Un frisson me parcourt le ventre.

«On descend, les gars, on va là-bas!»

Je pousse la porte du poste de police et fais entrer mes frères. L'endroit ne m'impressionne pas du tout:

j'y suis allée très souvent chercher ma mère ou mon père. En croisant le regard du policier, je me détends.

Je suis en sécurité, maintenant. Je le sais.

10

Enfin en sécurité

Poste de police de Stoke Newington, 18 août 1983

On est assis en rang, Harold, Jack et moi. Dans le hall d'accueil. De gauche à droite, dans l'ordre de naissance. Mes jambes se balancent contre les pieds métalliques de ma chaise. Je ne peux pas m'en empêcher. Je voudrais me tenir tranquille, mais je n'y arrive pas. C'est comme si mes pieds étaient branchés sur le secteur. On m'a dit qu'on nous donnerait du chocolat si on attendait sagement. Je voudrais bien en avoir, alors je fais des efforts. Et je voudrais bien que Jack et Harold en aient eux aussi.

Quand on est arrivés, Jim, le policier, s'est penché par-dessus son comptoir pour nous regarder.

« On veut pas rentrer chez nous. On peut plus vivre là-bas. Je veux voir mon assistante sociale. » Il a ouvert un gros dossier, a écrit quelque chose et m'a demandé si je pouvais lui dire quelle heure indiquait l'horloge pour qu'il le note. 11 h 30. Après, il m'a demandé quel jour on était. « Jeudi. »

Il a souri.

J'ai déjà vu ce policier: il est toujours derrière le comptoir quand je viens chercher papa ou maman. Est-ce qu'il reste là tout le temps? Est-ce qu'il s'ennuie à passer ses journées derrière ce comptoir?

Il est gentil. J'imagine comment ce serait s'il était mon père; je fais toujours ça quand je rencontre un adulte gentil.

«Très bien, jeune fille, on va voir ce qu'on peut faire. Asseyez-vous là.» Il nous a indiqué quatre chaises.

J'ai installé Harold et Jack et laissé une place vide. En pensant à Phillip. Jack ne veut pas lâcher ma main. Le policier a décroché le téléphone et parle depuis un moment. C'est le troisième numéro qu'il appelle. Je n'entends pas ce qu'il dit.

Oh merde… Et s'il était en train d'appeler les pubs pour que papa vienne nous chercher?

Le policier nous sourit à chaque fois qu'il compose un numéro. Je savais qu'il était gentil, mais on le trouve tous les trois encore plus gentil maintenant qu'il vient de nous donner des chocolats au lait et quelques bonbons pour les garçons.

On attend. Il nous dit que l'assistante sociale va arriver. Je ne sais pas quand elle doit arriver mais ça fait déjà longtemps qu'on attend et je commence à m'ennuyer. Le policier nous sourit toujours. Mes jambes continuent de se balancer contre la chaise. À chaque fois que la porte s'ouvre, je tourne la tête.

D'autres policiers arrivent et nous regardent avec un petit sourire, puis s'en vont par une porte à côté du comptoir. Tous les gens qui entrent s'arrêtent une seconde en nous voyant. S'ils s'accoudent au comptoir, comme papa au pub, et nous fixent trop longtemps,

Jim leur fait un signe de la main, ou alors il leur dit : « Vous attendez le bus ? »

Ça me fait sourire quand il dit ça. Pendant tout ce temps, Harold et Jack restent immobiles, sans un mot. Ils se reposent entièrement sur moi.

Est-ce que j'ai bien fait ? Papa va sûrement se mettre en colère…

On attend encore et encore, pendant très longtemps. Après tout, puisqu'on a eu nos chocolats, pourquoi rester assis ? Je déambule dans l'entrée pour observer les affiches collées au mur, mais ça me lasse vite : je dois pencher la tête très loin en arrière pour pouvoir lire ce qui est écrit. À l'extérieur, la vie continue. Par la fenêtre, je vois des gens qui vont faire leurs courses. C'est un peu comme si on était dans une bulle. J'ai les épaules lourdes. J'entends Jim parler d'« ordonnance de placement provisoire ». Je ne sais pas trop ce que ça veut dire, mais il y a le mot « placement », alors ça doit être bien. J'ai peur, maintenant. Je me sens dépassée par ce que j'ai déclenché. Ça y est, on s'échappe enfin ! Je me mets à pleurer sans pouvoir m'arrêter. Une femme policier avec un joli visage entre dans la pièce et vient me prendre dans ses bras. En un instant, je l'ai mariée à Jim, on est leurs enfants et on va vivre avec eux.

« Hope, est-ce que vous voulez du lait ? »

Du lait ! Quel endroit formidable… Pourquoi mes parents détestent-ils venir ici ?

Je regarde les garçons, Jack avec ses cheveux blonds, Harold ses cheveux bruns. Tous les deux ont l'air si fragiles. Leurs yeux écarquillés ont quelque chose de triste. Pour essayer de les amuser, je me creuse les joues en aspirant de l'intérieur. Au bout d'une minute, ils finissent par rire. Je tapote la main de Jack.

« Ça va aller, Jack, tu verras. »

J'aperçois alors Phillip du coin de l'œil dans la rue.

Phillip !

« Phillip ! Phillip ! » Je frappe à la fenêtre, attirant l'attention de Jim. Il fait un signe à la jolie policière qui vient d'entrer avec une bouteille de lait. Je lui dis : « C'est Phillip, mon frère ! Allez chercher Phillip ! »

Elle se retourne et ressort. Je reste au niveau de la porte, partagée entre l'envie de courir vers Phillip et celle de ne pas quitter le poste de police.

Elle lui dit d'une voix gentille pour une policière :

« Phillip, viens, bonhomme ! Hope et les garçons sont là ! »

Je me mordille l'intérieur des lèvres. Phillip va-t-il m'en vouloir ?

Dès qu'il entre, je me jette sur lui et le serre contre moi.

« Je veux pas rentrer à la maison, Phillip, on peut plus vivre là-bas. Je veux qu'on soit tous placés. Jim va nous aider. » Je me tourne vers Jim, qui hoche la tête.

Phillip, un peu mal à l'aise, me tapote le dos. Ça me fait du bien. Je vois qu'il regarde Jim. Est-ce que Phillip a peur, lui aussi ? Jim hoche à nouveau la tête. Phillip desserre mes bras, me repousse et s'avance vers le comptoir.

« Vous pouvez vraiment nous aider ? »

Jim hoche la tête, et j'ai envie de pleurer. Mais je me retiens.

Foyer pour enfants de Chesterfields, 18 août 1983

Je me sens un peu bizarre. Je n'arrête pas de me mâchouiller les lèvres, celle du bas et puis celle du haut. L'assistante sociale est venue nous chercher. Elle a rempli des papiers et maintenant, elle nous emmène dans un endroit qui s'appelle Chesterfields. Elle dit que c'est bien, mais ça se situe à Highgate, pas à Hackney. L'assistante sociale va aussi s'occuper de Phillip : elle doit lui trouver un endroit à lui. Un meublé. Harold, Jack et moi, on restera ensemble.

Tout à l'heure, Phillip nous a embrassés tous les trois, les uns après les autres. Il a dit qu'il viendrait nous rendre visite, comme si on allait en prison. On l'a regardé s'en aller, accompagné par une assistante sociale que je n'avais encore jamais vue. Phillip avait l'air plus jeune et plus petit que d'habitude, mais il se tenait plus droit. Il devait ressentir ce que je ressens.

Ça m'a fendu le cœur, et tout à coup j'ai eu envie de tout arrêter. Je ne voulais pas que Phillip s'en aille. Je voulais rentrer, retrouver papa. J'ai commencé à paniquer et j'ai crié :

« Phillip ! Reviens, on va tous rentrer à la maison ! »

J'ai couru vers lui et me suis accrochée à sa jambe.

« Hope, arrête, on peut plus rentrer, maintenant. C'est trop tard. »

C'était plus fort que moi : une fois de plus, j'ai éclaté en sanglots. Je pleurais, je hurlais, je me fichais bien qu'on me regarde. La jolie policière m'a consolée, bercée, me murmurant sans cesse à l'oreille : « Hope, tu es une grande fille, Hope, tu es une grande fille », jusqu'à ce que je cède et m'effondre entre ses bras.

Je me suis tournée vers elle. Les larmes coulaient aussi sur son beau visage.

Si seulement, si seulement, si seulement elle pouvait nous emmener avec elle !

Je l'espérais si fort que j'étais sur le point d'exploser. Elle m'a dit : « Il faut que tu ailles avec l'assistante sociale, Hope. Il faut que tu sois courageuse. »

Elle m'a accompagnée jusqu'à la voiture, tenant ma main tout le chemin avant de la tendre à l'assistante sociale, qui m'attendait avec mes petits frères. D'une main à l'autre. Le cœur lourd, je l'ai regardée rejoindre le poste de police. J'ai séché mes larmes et me suis redressée. J'étais prête à partir.

À l'heure qu'il est, papa doit savoir qu'on ne va pas rentrer. Je vais avoir de gros ennuis. J'aurais pas dû les balancer. Papa, papa, oh non… Qu'est-ce que j'ai fait? Pourquoi j'ai raconté ça à la police? Il va me reprocher d'être partie avec les garçons. Et si l'assistante sociale lui dit que c'est moi? Pauvre papa. Je t'aime, mais je peux plus vivre comme ça, papa. Je suis désolée, papa, je suis désolée.

Soudain, le souvenir de la nuit dernière me revient. Je revis les événements comme s'ils étaient bien réels. Un flash-back qui ne laisse plus de place au reste. Je revis les événements. Oh non ! Je reconnais des gens devant la maison. Ils crient des choses horribles sur maman, je sais qu'ils parlent d'elle. Je suis assise en bas de l'escalier, j'imagine que la porte s'ouvre brutalement et qu'ils entrent pour nous tuer. Maintenant, c'est le lendemain matin. Je suis à l'étage, je regarde papa en train de pleurer dans sa chemise tachée de merde et de vomi. Je le regarde, mais j'entends les cris des gens, le bruit des fenêtres qui éclatent sous le poids des briques qu'ils jettent. Je revis deux cauchemars en même temps. Je tremble. Quelqu'un me secoue.

« Hope, Hope, est-ce que ça va? Tu pleures, ma puce. Ça va? » La voiture s'est arrêtée et mon assistante sociale est agenouillée devant moi. Elle a de petites rides entre les yeux, au-dessus du nez. À part ça, elle a une jolie peau, pas comme maman.

« Est-ce que tu te sens bien ? Tu semblais partie ailleurs pendant un moment…

— Ouais, ça va. »

Ça y est, je l'ai fait, j'ai balancé mes parents, impossible de revenir en arrière.

Elle nous emmène au bas d'une volée de marches. Devant nous, une immense porte bleue.

Je ne sais pas, je ne sais pas, je ne sais pas. On ne pourrait pas aller ailleurs ? Cette maison est tellement grande…

L'assistante sociale remarque mon hésitation et me sourit : « Allez, Hope, ne sois pas timide. »

Mais mes habits sont sales ! Et je n'en ai pas d'autres, ils sont restés à la maison. Comment est-ce que je vais les récupérer ? L'autre jour, papa a volé deux chemises de nuit pour moi à la friperie. Je les adore, je voudrais les avoir ici avec moi.

La porte s'ouvre sur un chaos d'un nouveau genre. J'observe discrètement les lieux, recroquevillée derrière la jupe de l'assistante sociale. Dans mon dos, Jack et Harold font de même. Il y a beaucoup de gens, des adultes et des enfants. Des enfants plus jeunes et plus âgés que moi.

J'ai pas envie d'y aller, madame, s'il vous plaît… Laissez-nous partir. On trouvera un autre endroit. Ça ira. J'ai vraiment pas envie d'y aller.

Elle nous fait entrer. On a l'air de trois petits lapins serrés les uns contre les autres ; Jack ne m'a pas lâché la main depuis qu'on a quitté le poste de police. Des gens courent de pièce en pièce, d'autres mettent leurs chaussures et leur manteau dans le hall. Personne ne fait attention à nous.

« Très bien, tout le monde est prêt pour la grande expédition ? »

On entend des rires.

C'est IMMENSE. Ça a l'air plutôt bien.

Ils passent tous devant nous dans un tourbillon de couleurs, d'âges et de petits mots qui nous sont adressés, je crois.

« Salut.

— Salut. » Petit signe de tête.

« À plus tard ! » Une main se lève pour nous saluer.

C'est plus calme maintenant qu'ils sont partis. Un homme vient vers nous. S'agenouille au niveau des yeux de Jack. Il nous regarde à tour de rôle.

« Bonjour, je m'appelle Craig et je suis l'un des accompagnateurs sociaux de cette résidence… »

Quoi ?

Il continue : « En clair, à partir de maintenant, c'est moi qui vais m'occuper de vous, avec mes collègues. Vous serez en sécurité, vous aurez à manger et vous pourrez vous laver. »

Il nous lance un grand sourire qui se reflète dans ses yeux et me fait chaud au cœur.

« Vous avez faim ? »

On hoche tous les trois la tête.

Ils nous proposent des haricots cuisinés sur des toasts, avec du beurre. À côté de la cuisine, il y a une pièce remplie de boîtes de conserve, de céréales et de jus de fruits. Tout est bien empilé comme au supermarché. On me demande d'aller chercher les haricots. Je souris. Cette pièce est encore plus grande que la cuisine de chez nous. Ils me disent que ça s'appelle un

« garde-manger ». On peut y entrer, en sortir, s'y promener et je ne m'en prive pas.

Waouh, des cornflakes !

Retour à la cuisine. Craig prépare des toasts. Je repars dans le garde-manger.

« Des biscuits ! » Retour à la cuisine.

« Hope, s'il te plaît, tu peux aller me chercher du beurre ? »

Du beurre ! Waouh !

Quand je suis excitée comme ça, c'est que je commence à surchauffer. Je le sais bien, mais tant pis.

Il y a tellement de nourriture, toute une pièce pleine de nourriture dans laquelle on peut se balader !

Je pose une nouvelle question à chaque fois que je retourne à la cuisine. Une question me vient à chaque découverte.

Qu'est-ce qu'il peut bien y avoir dans les placards de la cuisine, avec un aussi grand garde-manger ?

Me voilà qui cours dans la cuisine, à ouvrir toutes les portes des placards. Ils sont remplis. Chaque placard fait surgir une nouvelle question, et je n'attends même pas la fin de la réponse pour poser la suivante.

« Où est-ce qu'on est ? Qu'est-ce qu'on fait là ? C'est quoi, ça ? Il y a beaucoup de nourriture dans les placards ? Pourquoi ça s'appelle un garde-manger ? Comment ça se fait qu'on puisse marcher à l'intérieur ? Il y a combien d'enfants qui vivent ici pour que vous ayez autant de provisions ? Où sont les adultes ? C'est pour eux aussi, toute cette nourriture ? Est-ce que j'aurai une chambre à moi ? Jack et Harold, ils vont dormir où ? Est-ce qu'on peut manger à l'heure qui nous plaît ? Ce qui nous plaît, même des cornflakes ? »

En parallèle, un tas de questions me passent par la tête.

Est-ce que tout ça est réel?

Craig nous annonce que les toasts et les haricots sont bientôt prêts. « Bon, les enfants, aujourd'hui on vous chouchoute, mais demain vous mettrez la main à la pâte, OK? Il y a une vingtaine d'enfants qui vivent ici et tout le monde participe. Aujourd'hui, on met la table pour vous, mais demain ce sera à vous d'aider les autres. Quelqu'un vous montrera. Et maintenant les enfants, allez vous laver les mains, s'il vous plaît. Les toilettes sont là-bas. Et n'oubliez pas d'utiliser le savon. Voilà, c'est ça. Merci ! »

On obéit, les yeux écarquillés. Je commence à casser un toast en morceaux et à souffler dessus avant d'en donner un bout à Jack.

Les adultes nous observent.

« Hope, laisse Jack manger tout seul.

— Mais c'est toujours moi qui lui donne à manger.

— D'accord. » Je vois Craig jeter un coup d'œil vers l'assistante sociale.

« Tu pourrais te servir du couteau et de la fourchette, ou même de la cuiller, Hope, s'il te plaît?

— Hein? Pourquoi? Nous on mange avec les doigts.

— Pas ici. S'il te plaît, tu peux te servir de ton couteau et de ta fourchette? Jack peut prendre sa cuiller, si c'est plus facile. »

Je marque une pause; les garçons aussi. Ils glissent les mains sous leurs cuisses et on reste là à fixer nos assiettes. Je me mords la lèvre. Harold baisse la tête et me jette un regard en coin. Je lève les yeux vers Craig. Je porte le poing à ma bouche, me mords un ongle. J'essaie de me concentrer, mais j'ai la tête qui va exploser. Je fixe le couteau et la fourchette. Les larmes me montent aux yeux, ma vue se brouille.

À la maison, on ne se sert jamais de couteaux ni de fourchettes. J'ai déjà réussi à le décevoir. Je suis vraiment nulle.

Je regarde Craig. Il insiste, cette fois avec fermeté.

« Hope, tu prends ta fourchette et ton couteau, s'il te plaît.

— Comment je fais ? »

Le poirier, 1983

Je suis assise sous le poirier. Depuis qu'on est arrivés ici, je n'ai plus jamais faim et je porte des vêtements neufs. On a le droit de cueillir des poires, mais il faut attendre qu'elles soient mûres. Au début, elles nous donnaient mal au ventre. Craig nous a promis de nous apprendre à reconnaître des poires mûres. J'espère qu'il tiendra sa promesse. Ce matin, Jack, Harold et moi, on en a cueilli, mais elles sont encore un peu dures.

Harold est en train de montrer à Jack comment faire de la balançoire et grimper dans la cage d'écureuil. C'est vraiment bien, ici. On a notre propre aire de jeux dans le jardin. En fait, il y a plein d'enfants comme nous qui vivent ici. J'avais toujours pensé qu'on était tout seuls.

Ça fait du bien de savoir qu'il y a d'autres enfants comme nous, qui connaissent ce qu'on a vécu.

Je repense à la conversation que je viens d'avoir avec l'assistante sociale. Enfin, je n'ai pas beaucoup parlé parce qu'elle m'a demandé d'attendre qu'elle ait terminé pour lui poser mes questions. Et le temps qu'elle ait fini, j'avais oublié ce que je voulais lui demander.

Je lui ai juste dit: «D'accord, je comprends.» Je n'avais pas envie de la décevoir ni de lui dire quelque chose qui lui déplairait.

On va retourner dans notre ancienne école, qui est très loin d'ici et juste au bout de la rue où on habitait. Comme Jack est à l'école primaire, cette année, on prendra tous les trois le bus du foyer. On partira tôt le matin et il nous déposera devant l'école. Craig viendra nous rechercher le soir: on ne doit suivre personne d'autre. Je trouve ça bien qu'on reste ensemble parce que je n'aime pas ne pas voir Harold ou Jack. Ça m'inquiète. Ici, les adultes disent que je suis très «anxieuse» et que je transmets beaucoup d'«anxiété». C'est le même mot, j'ai l'impression. Je l'ai retenu pour pouvoir demander à ma nouvelle maîtresse ce que ça veut dire exactement. Comme c'est un grand mot, elle sera impressionnée que je le connaisse et que je veuille le comprendre parce qu'on m'a dit que je suis «une enfant anxieuse».

Papa et maman savent qu'on va rester ici pendant un moment, d'après l'assistante sociale. Elle a fait une demande pour qu'on soit placés «sous tutelle judiciaire». Je ne sais pas non plus ce que ça veut dire, mais ça me paraît bien, parce qu'on se plaît bien dans ce foyer, mes frères et moi. Elle m'a dit de ne pas m'inquiéter tant que rien n'est fait.

Mais qu'est-ce qui se passera, sinon? Il faudra qu'on rentre à la maison? Oh non, j'en ai pas envie. Maman va me tuer…

La maison. Ici. Quand je compare, il y a tellement de différences que je n'ai pas assez de mes doigts et de mes orteils pour les compter. La plus grosse différence, c'est la quantité de nourriture, et aussi qu'il fait tout le temps chaud, qu'il n'y a pas de vieux types dégueulasses, d'alcool ni de disputes entre adultes. On a de l'eau chaude quand on en a envie. Presque tous les jours, j'ouvre le robinet pour vérifier : je m'attends à ce que l'eau reste froide, mais non, elle se réchauffe toujours. Quand j'ai demandé à Craig combien de pièces de cinquante pence il fallait mettre dans le compteur, il m'a expliqué que ça ne fonctionnait pas comme à la maison.

À la maison, je crois que papa et maman volaient les pièces.

Ce matin, quand l'employé du gaz est arrivé à Chesterfields, il a été accueilli par un grand « Bonjour ». Il a relevé le compteur, a bu une tasse de thé et est reparti. À la maison, quand l'employé du gaz venait récupérer les pièces, papa et maman ne le laissaient jamais entrer, jusqu'à ce qu'ils aient appris à trafiquer le compteur.

Comment ils vont ? J'espère qu'ils se débrouillent, maintenant qu'on est partis. C'est ma faute si on est plus avec eux. Elle va me tuer.

Ici, c'est toujours chauffé, même les soirs d'été où il fait un peu froid dehors. À la maison, on n'avait pas le droit d'allumer le gaz quand mes parents étaient sortis. Je l'allumais quand même, et on faisait griller du pain quand il y en avait. Je suppose qu'au pub il faisait bon ; et de toute façon, ils ne s'en rendaient pas compte puisque le compteur trafiqué affichait toujours un crédit. Ici, il y a un grille-pain et on ne manque jamais de pain.

11

Première visite

Cadeaux, 1983

« Vos parents vont venir vous rendre visite dimanche.

— Merde !

— Hope, qu'est-ce qu'on t'a dit à propos des gros mots ?

— Je sais, désolée, mais MERDE… »

Je n'avais pas pensé à ça. J'imaginais qu'on ne les reverrait plus jamais. Qu'on serait tranquilles.

Quoi ? Pourquoi ? Merde. Je vais dérouiller. Putain. Maman va m'en vouloir. J'ai parlé à Craig de la nuit qui a précédé notre arrivée. Il dit que j'y suis pour rien et que j'ai fait ce qu'il fallait, mais je n'en suis pas si sûre. C'est moi qui ai entraîné tout le monde. On n'aurait pas dû parler. Maman nous a toujours dit de nous taire, et j'ai parlé. Maman va m'en vouloir. Papa va me détester.

Quand je les vois arriver dans l'allée, je cours dans les toilettes des filles me regarder dans la glace. J'ai encore les yeux rouges d'avoir pleuré toute la matinée ; j'espère qu'ils ne le remarqueront pas. L'eau froide me fouette le visage. Si je reste là, peut-être qu'ils ne penseront pas à moi? Peut-être qu'ils ne voudront pas me voir? Ma copine Jane entre :

« Ils sont là, il faut que tu descendes. »

Je la suis.

Papa a un sac pour nous. Des cadeaux.

Je regarde maman. Elle a l'air furieuse. Les garçons courent et se jettent contre eux avec fougue. Je reste dans l'embrasure de la porte jusqu'à ce que Craig me fasse entrer en me guidant gentiment par les épaules. Il me dit tout doucement : « Ça va aller, Hope, on est là. »

À vrai dire, j'avais hâte de voir mon père. Mais j'aurais voulu qu'il vienne seul.

Il nous a apporté un sac de cadeaux. Un pour chacun. On les ouvre, tout excités. Mes chemises de nuit ! J'essaie d'imiter le ton de la fille à son anniversaire, quand un cadeau ne lui plaisait pas vraiment :

« Merci, papa ! »

Elles ont l'air sales. Je les cacherai sous ma table de nuit. Je n'ai pas envie de les ranger dans le tiroir avec mes vêtements neufs.

Alors que je fouille dans le sac, j'entends la voix de ma mère. Pas besoin de la regarder pour deviner que son regard est aussi dur que le ton de sa voix. Et tous les deux me visent :

« Pourquoi t'es allée voir la police, Hope? Tu pouvais pas rester à la maison comme on te l'avait dit? Il a fallu que tu foutes tout ce bordel ! Tu te rends compte des emmerdes, pour ton père et moi?

— J'avais peur de rester à la maison.

— Peur? Et de quoi t'avais peur, espèce d'idiote?

— J'avais juste peur, maman. Les garçons et moi, on n'était pas en sécurité. Dis-lui, papa !

— Je comprends pas, Hope, dit papa. Ça se passait bien. C'était un peu compliqué, parfois, mais on s'occupait de vous. On se débrouillait, non? Franchement, Hope, t'avais pas besoin de faire ça, vraiment… »

J'essaie de changer de sujet. « Au foyer, ils ont voulu nous couper les cheveux, maman. Mais le coiffeur est reparti parce qu'on avait plein de poux. »

J'ai à peine le temps de réaliser que je n'aurais pas dû dire ça qu'elle s'est déjà levée de sa chaise et s'en va. Je ne la suis pas, mais j'entends ses talons résonner dans l'escalier qui mène au bureau. Elle se dispute avec le personnel. Papa ne bouge pas.

Harold me dit : « Oh oh… Cette fois ça y est, t'as réussi. »

Je me bouche les oreilles. C'est la dernière fois que je lui raconte ce qui se passe ici. Plus jamais ! Oh, maman, arrête. Arrête !

J'ai envie de me recroqueviller en une petite boule de honte jusqu'à ce qu'elle arrête de hurler et s'en aille.

L'apprentissage des règles, 1983

Ils ne me laissent plus donner à manger à Jack. Craig dit qu'il doit se débrouiller tout seul.

« Il faut qu'il apprenne. Et toi, Hope, tu dois penser à toi. Suis les règles et amuse-toi. Va jouer un peu dans le jardin. On s'occupe de Jack. »

Il parle toujours d'une voix égale, très calme, pas un mot plus haut que l'autre. Il n'a pas besoin de crier pour se faire entendre. D'ailleurs, aucun adulte ne crie, ici. Mais quand même, j'ai envie de m'occuper de Jack, de m'assurer qu'il va bien. Ils ne le connaissent pas aussi bien que moi.

C'est à moi de faire manger à Jack. C'est mon rôle. Jack est à moi. À moi. Vous ne savez pas vous occuper de lui. Moi, si.

Jack est d'accord avec les adultes. Peut-être parce qu'il y a plein de choses différentes à manger. Des trucs qu'on n'a jamais eus dans nos assiettes, comme du chou aux haricots blancs, des omelettes au jambon ! Des œufs frais ! Des puddings si moelleux qu'ils fondent dans la bouche et que j'aimerais en conserver le goût pour toujours. Par sécurité, je mets toujours un peu de nourriture de côté dans ma poche.

On ne sait jamais ce qui peut arriver. Sous mon lit, j'ai une boîte avec ma réserve de nourriture. Il faut que je mette un cadenas dessus pour que personne ne puisse la voler.

Jack apprend à manger seul et bientôt il ne fait plus pipi au lit. Je suis la seule de mon âge à mouiller encore mon lit, mais pas autant qu'avant.

C'est moins perturbant, ici, maintenant que je connais les règles. Je sais à quelle heure on se couche ; à quelle heure on prend le petit-déjeuner ; où je dois m'asseoir ; ce qu'il est permis et interdit de dire à table. Ce qu'est de l'argent de poche. Ce qu'est une indemnité d'habillement. Une coordinatrice. Quelles tâches on doit remplir au foyer. Ma préférée, c'est mettre la table, avec les fourchettes et les couteaux, un verre par assiette, du sel et du poivre. Il me faut un peu de temps pour apprendre à manger avec des couverts plutôt qu'avec mes doigts.

Jack ne veut plus que je lui donne à manger ni que je le couche. Parfois, le soir, avant de m'endormir, je me sens envahie par un sentiment de solitude. Dans le noir, j'ai l'impression d'avoir tout perdu, et que c'est de ma faute.

Charlotte aux Fraises, 1983

Ils viennent de réaménager ma chambre. Je suis tellement excitée que je n'arrête pas d'aller aux toilettes, parce que je ne veux pas faire pipi au lit. Ça n'est pas arrivé de la semaine, et pourtant je me suis couchée tôt tous les soirs, rien que pour passer du temps au lit.

Je partage toujours ma chambre, mais j'ai maintenant un lit pour moi toute seule, pas un lit superposé. Les lits superposés, c'est pour les autres filles de ma chambre, qui sont plus jeunes que moi. J'ai une couette, pas une couverture. Mais le mieux, c'est que je m'enveloppe dans une housse de couette Charlotte aux Fraises, toute douce et chaude. J'adore ma chambre avec sa moquette rose, ses rideaux roses et ma propre table de nuit. Mes frères sont un peu plus loin dans le couloir. On est en sécurité et on a chaud. Il y a plus de nourriture que j'en ai vu dans toute ma vie, et j'en découvre encore tous les jours. Parfois, je mange tellement que j'ai mal au ventre. Craig me demande :

« Tu as encore exagéré, Hope ? »

Alors je lui souris et j'en chipe un peu pour plus tard. J'ai ma réserve dans une boîte, sous mon lit Charlotte aux Fraises. Je me sens en sécurité et on m'a dit que j'avais le droit de sourire jusqu'aux oreilles quand j'étais heureuse.

Une réunion, 1983

« On va avoir une conférence de cas. »

J'aimerais bien qu'on m'explique ce que c'est. C'est perturbant, toutes ces nouveautés.

J'imagine une grande pièce pleine de gens et au milieu, une personne, debout, en train de parler de cas bizarres. Et moi parmi l'assemblée.

On se prépare pour la « conférence de cas ». Je me demande si j'aurais dû prendre mon sac, celui dans lequel papa m'avait apporté mes chemises de nuit. Craig dit que non : on ne s'en va pas, on reste là, on va juste avoir une discussion. Comme je ne comprends pas ce mot, il m'explique qu'on va parler ; parler de Jack, Harold et moi. Ça m'inquiète.

Mon assistante sociale est assise d'un côté de la pièce, avec Craig. Je suis avec Janet, ma coordinatrice. Elle est très gentille. Elle me sourit, satisfaite de ce que dit l'assistante sociale.

« Comment vas-tu, Hope ?

— Bien, merci.

— On va bientôt avoir une conférence de cas. On a besoin de savoir ce que tu veux, Hope.

— Moi aussi je vais à la conférence ? »

Craig intervient : « Peut-être que quelqu'un devrait expliquer à Hope ce qu'est une conférence de cas… »

Il dit ça avec une question dans la voix, et je devine qui est ce « quelqu'un » quand mon assistante sociale prend la parole – ça doit être elle :

« Non, Hope. Une conférence de cas, c'est un groupe de personnes qui travaillent pour toi. Craig, Janet et moi-même en faisons partie. Il y a aussi mon patron, le chef des services sociaux, et quelqu'un de la police. »

La police !

« La police ? Mais pourquoi ? Et si vous parlez de moi, pourquoi je viens pas ? »

Elle continue : « Nous voulons tous ce qu'il y a de mieux pour tes frères et toi, Hope. »

Craig et Janet échangent un regard étrange. Je comprends que je n'étais pas censée le voir.

« Aujourd'hui, nous allons te demander ce que tu souhaites et le noter. Craig et Janet feront ensuite un bilan te concernant, et nous déciderons tous ensemble de la prochaine étape. C'est une réunion très importante, Hope, nous allons demander au juge d'être ton tuteur. »

C'est quoi ce bordel ?

« Un bilan comme à l'école ?

— En quelque sorte, oui. »

Est-ce que j'ai été assez bonne ? Est-ce que j'ai fait ce qu'ils voulaient ?

« Et mes parents ? » Je demande ça d'une petite voix.

Janet pose une main sur mon genou et fait signe à l'assistante sociale de ne pas répondre. Comme maman avec papa, mais différemment. Elle me dit :

« Hope, tu es bien placée pour savoir que ton père et ta mère ne s'occupent pas bien de vous. Tu as été très courageuse et tu nous as expliqué comment ça se passait pour tes frères et toi, à la maison. Que vous deviez trouver vous-mêmes à manger, qu'on vous laissait tout seuls, que vous aviez froid… »

Hochant la tête, je prends ma respiration et me redresse sur ma chaise pour réprimer mes larmes.

« Eh bien malgré tout ça, tes parents veulent tout de même que vous viviez avec eux. Alors il faut qu'on demande au juge s'il est d'accord pour qu'on continue de s'occuper de vous. »

Et merde.

« Et pour cela, il faut qu'on organise une réunion dans laquelle on parlera de vous, mais tu ne peux pas y assister, Hope. C'est une réunion d'adultes uniquement. Mais je te promets de transmettre tout ce que tu nous diras aujourd'hui.

— Pourquoi je peux pas leur dire moi-même ? C'est ma vie. J'ai pas envie de rentrer à la maison. Je veux une famille d'accueil, comme Lisa. Je veux qu'une des familles qui viennent choisir des enfants au foyer me choisisse. Personne ne me choisit jamais. Je les déteste tous. Je veux rester avec mes frères. Je veux une famille, avec un père et une mère, des frères et des sœurs, et des cornflakes au petit-déjeuner, ceux avec le coq sur le paquet. Maman est toujours en colère contre moi, j'ai pas envie de rentrer à la maison.

— Ta mère n'est pas en colère contre toi, Hope. C'est juste qu'elle ne comprend pas ce qui se passe. »

J'ai mal à la tête. Je n'en peux plus de parler de tout ça.

« Si, elle est en colère contre moi. Elle me déteste. »

Je pars en courant et monte dans ma chambre. Je sais que les autres filles ne rentreront pas avant ce soir. Elles sont sorties et moi, j'ai dû rester à cause de cette réunion avec l'assistante sociale. Je claque la porte et me jette sur mon lit.

Je n'ai pas envie que plein de gens parlent de moi dans une pièce alors que je ne suis pas là. Je veux être là. Comment je pourrai savoir s'ils disent la vérité ? Les adultes mentent. Les adultes vous trahissent. Les adultes ne font jamais ce qu'ils disent. Les adultes disent des choses qu'ils ne pensent pas. Oh, s'il vous plaît, je n'ai pas envie de retourner chez moi !

12

Sous tutelle judiciaire

Des nouvelles, 1983

L'assistante sociale est de retour. Je vois sa voiture dans l'allée. La dernière fois, elle est partie quand j'ai couru dans ma chambre. Ils m'ont laissée seule un moment, puis Janet est venue me voir. C'était il y a deux jours. Elle m'a parlé gentiment et m'a demandé ce que je voulais.

« Aller à la conférence de cas. »

Elle m'a expliqué que ce n'était pas possible, mais qu'elle allait voir le juge le 16 décembre, et qu'elle lui parlerait pour moi. Elle m'a dit : « Ton père et ta mère seront là, eux aussi. » Ça m'a suffi : je lui ai répondu que c'était très bien qu'elle y aille toute seule et qu'elle n'aurait qu'à dire au juge que je veux rester vivre ici pour l'instant, et après, trouver une famille d'accueil, avec mes frères.

Ce matin, l'assistante sociale est venue chercher Craig et Janet. Ils étaient tous bien habillés. Alors même si Janet ne me l'avait pas dit, j'aurais su qu'ils allaient voir le juge. Tout le monde s'habille bien pour aller voir le juge. Je suppose que papa va mettre son costume et maman, son chemisier rouge et sa jupe en cuir.

Depuis ce matin, je ne tiens pas en place. Mais maintenant qu'ils sont revenus, je n'ose pas descendre pour aller aux nouvelles. Craig m'a déjà appelée en bas du grand escalier :

« Hope, tu peux venir, s'il te plaît ? »

Peut-être que je peux faire comme si je n'avais pas entendu. J'ai juste envie de rester assise sur mon lit à me mordiller la lèvre.

On frappe doucement à ma porte.

« Hope, tout va bien. Vous restez vivre ici, toi et tes frères. »

Une vague de soulagement me submerge sous forme de larmes. Quand j'ai terminé de pleurer, il me faut un nouvel oreiller, parce que le mien est trempé. Craig appelle ça des larmes de joie. C'est la première fois que je verse des larmes de joie.

Noël, 1983

On a beau être sous tutelle judiciaire, on va quand même passer Noël à la maison. Je ne comprends pas.

J'aime bien Noël parce que toute l'année papa met de côté des boissons, des chips, des oignons au vinaigre. À Noël, la table est toujours couverte de noisettes, de mandarines, de chocolats, de biscuits et de beaucoup d'alcool.

En fait, j'ai hâte de voir papa et maman. Harold et Jack sont tout excités parce que papa nous a promis plein de bonbons.

On a mis nos plus beaux vêtements de Chesterfields. Même maman le remarque quand on arrive. Elle est en colère, je le sais au ton de sa voix.

« C'est des beaux habits que vous avez là. Pourquoi vous portez ça, pour faire vos fayots, hein ? Hope, enlève-moi ça ! »

Je préfère m'en aller. Aujourd'hui, elle n'arrivera pas à m'énerver.

Il y a un grand sac en plastique pour chacun de nous. Papa les a décorés d'un Père Noël dessiné sur du vieux papier journal.

« C'est pour toi, Hope. Jack, ton sac, et celui-là pour toi, Harold. »

Aucun cadeau n'est emballé. Pas comme à Chesterfields, où des tas de cadeaux nous attendent au pied du sapin. Et puis aussi une grosse dinde : Craig nous en gardera une part, alors peu importe si papa et maman n'ont pas prévu de repas de Noël. Ils ne le font jamais.

La routine habituelle recommence après l'ouverture de nos sacs. On n'a même pas le temps de dire merci qu'Elvis se met déjà à roucouler ses chansons tristes. Cette année, mes cadeaux de Noël sont des bonbons. J'en mange autant que je peux, mais j'en garde quelques-uns pour Chesterfields. Je les partagerai avec ceux qui ne sont pas rentrés chez eux aujourd'hui.

« Je savais bien que ça se passerait comme ça. » Harold, les bras croisés, a vraiment l'air grognon. On est en route vers chez nous, pour *Boxing Day*, le lendemain de Noël.

« Comment ? » Je lui demande, mais je connais la réponse.

« Papa et maman qui se soûlent, qui se disputent et qui nous gâchent notre Noël. Pourquoi tu leur sers autant de verres, Hope ? Pourquoi tu joues à la barmaid avec eux, comme ça ?

— Papa aime bien quand je fais ça, et ça les met de bonne humeur, tous les deux.

— Non, c'est pas vrai. Ça les rend juste malades, ils pleurent en écoutant la musique et ils vomissent partout. Et après, c'est à nous de nettoyer », commente Jack.

Harold approuve en hochant la tête. « C'est pas juste, je vois pas pourquoi on doit rentrer chez nous à Noël. C'est nul. Papa et maman sont nuls. Musique débile d'alcooliques débiles. »

Dans le bus scolaire, 1984

On va toujours en classe dans mon ancienne école. C'est le jour de la rentrée après les vacances de Noël. Ce matin, c'était marrant : on nous a emmenés dans un minibus rien que pour nous. C'est Craig qui conduisait ; on a fait des jeux pendant tout le trajet. Notre école est la plus éloignée du foyer – tous les autres enfants vont en classe près de Chesterfields –, alors on est les derniers à descendre et les premiers à remonter dans le bus à la fin de la journée.

J'adore l'école. J'ai presque rattrapé tout le retard que j'avais accumulé quand on vivait dans des bed & breakfast. Les institutrices disent que je suis intelligente et pétillante. Mlle Watson a été un peu perturbée quand je lui ai demandé, toute contente, ce que voulait dire « anxieux ». Si j'avais su, je lui aurais posé la question autrement ; mais en même temps, si je l'avais su, je n'aurais pas eu besoin de lui demander.

Je n'ai pas vu ma mère arriver, mais j'entends sa voix alors que je suis sur le point de monter dans le bus pour repartir au foyer. Ce n'est pas la première fois qu'elle vient à l'école, comme ça. Mais là, elle est vraiment en colère parce qu'on n'est pas rentrés pendant toutes les vacances et qu'on est maintenant sous tutelle judiciaire. Ce qui veut dire qu'elle ne s'occupe plus du tout de nous.

Comme si elle s'était déjà occupée de nous.

«S'il te plaît, maman, va-t'en.

— Mais putain, Hope, je veux juste vous voir ! Ils me laissent même pas vous voir !»

Je passe devant elle et saute dans le bus.

Où sont les garçons ? Allez, dépêchez-vous, on y va ! Je ne les vois pas... Où ils sont ? Non, maman, non.

«Maman, descends, t'as pas le droit. On se verra dimanche. Descends, maman, s'il te plaît.»

Un gémissement de sirènes annonce l'arrivée de la police, ce qui achève de la convaincre de rester dans le bus. Elle sent le whisky et la cigarette.

Non, maman, non...

Un policier arrive derrière elle pour l'extirper du bus. C'est tellement triste que j'en ai mal au cœur. Elle perd un talon, s'accroche aux sièges du bus, à moi.

«Je veux seulement voir mes enfants. S'il vous plaît, laissez-moi les voir. S'il vous plaît, s'il vous plaît !»

D'une main, le policier la traîne et, de l'autre, attrape sa chaussure qu'il lui rend. On dirait que ça la calme, à moins qu'elle n'ait baissé les bras.

Mes frères se cachent à l'entrée de l'école, protégés par un cordon d'institutrices qui ne les laisseraient pas sortir, même s'ils voulaient courir vers maman.

Si seulement je pouvais être là-bas avec eux !

Le policier lui parle gentiment, maintenant.

« Madame Daniels, vous savez bien que vous avez des jours de visite. Vous ne pouvez pas surgir comme ça à l'école. Si vous ne respectez pas les règles, ils vous interdiront tout bonnement de les voir. »

Ça la vexe.

L'alcool reprend le dessus. Elle se transforme en serpent venimeux.

« Personne ne va me dire quand je peux voir mes gosses ! Ce sont *mes* enfants. *Mes* gosses, vous entendez ?

— Madame Daniels, s'il vous plaît, ne rendez pas les choses plus compliquées, d'accord ? Si vous partez maintenant et que vous promettez de ne pas revenir à l'école, les enfants pourront rentrer et l'incident sera clos.

— Mais puisque je vous dis que leur maison est juste là, au bout de la rue ! Pas dans ce Highgate de merde ! Ici ! Avec moi, avec leur père. Qu'est-ce que vous avez tous à nous regarder, putain ? »

Des mères venues récupérer leurs enfants se sont agglutinées à la barrière de l'école. Mais les institutrices ne laissent personne sortir tant que ma mère fiche le bazar.

Le policier lui parle tout en l'éloignant. Tout le monde attend le retour au calme. Je la regarde boitiller au milieu de la rue, une seule chaussure au pied, insultant les voitures qui manquent de la renverser. Un sentiment de culpabilité me noue le ventre. Elle se retourne. Agite sa chaussure en l'air. Je lui réponds d'un signe de la main depuis l'embrasure de la porte du bus, restée ouverte.

« Tout ça, c'est ta putain de faute, Hope. Je ne te pardonnerai jamais. Jamais ! »

Je la regarde partir.

Je te déteste, je te déteste, je te déteste. Je voudrais que tu sois morte. Tout le monde me plaindrait, mais moi, je serais contente. Contente que tu ne puisses plus me faire ça.

Le départ de mon institutrice, 1984

Mon institutrice s'en va. Je suis dégoûtée. Ça fait des jours que je pleure. Je ne comprends pas pourquoi elle m'abandonne. Les gens finissent toujours par m'abandonner.

Qu'est-ce qu'il y a de si important à l'école de Greenham? Elle s'en va à cause de moi, j'en suis sûre. À cause des problèmes qu'il y a eu dans la classe avec papa et maman. Pourquoi est-ce qu'elle s'en va? Elle doit en avoir marre de moi. Je ne me lierai plus jamais à personne. À quoi bon, puisque tout le monde m'abandonne? Je suis quelqu'un d'horrible et personne ne m'aime.

Le réparateur de télévision, 1984

On est venus rendre visite à mes parents. Je n'en avais aucune envie, mais mon assistante sociale me répète toujours que je dois y aller. Quelqu'un sonne à la porte. Je vais ouvrir. C'est le type de chez Radio Rentals. Il me dit qu'il vient réparer la télé. Je lui jette mon regard le plus froid et bloque la porte.

«La télé marche très bien. Vous êtes qui? Je vous ai déjà vu ici. Si la télé tombe toujours en panne, pourquoi vous la changez pas?»

Mon père arrive derrière moi et m'éloigne de la porte.

« C'est bon, Hope, laisse entrer le monsieur. C'est à l'étage, l'ami, vous connaissez le chemin. La petite dame est là-haut, elle vous montrera où est la télé. » Clin d'œil.

Papa nous emmène dans le salon et allume la télévision.

Il va nous chercher du Coca à la cuisine. Un pour chacun. Cadeau de la maison.

« Chut, Hope, dis rien à tes frères, mais y a un truc spécial pour toi dans ton verre. »

Nouveau clin d'œil.

Ça a un goût de noix de coco. J'adore.

« C'est quoi, papa ?

— Malibu. Un avant-goût de paradis. Tu l'as vite terminé, dis donc. T'en veux encore ? »

Quand ma mère raccompagne le réparateur à la porte, fourrant des billets dans son soutien-gorge, je suis soûle, mais je sais encore ce qui se passe.

Vieux dégueulasse.

Notes prises par Hope en 1993, d'après les dossiers des services sociaux

Novembre 1984 – Lettre de ma coordinatrice de Chesterfields à mon école de Hackney, demandant leur avis sur une éventuelle scolarisation plus près du foyer.

— Réponse de l'école, novembre 1984, globalement « oui » mais aussi :

— Comme on est sous tutelle judiciaire, le district de Hackney est responsable de nous.

— Mode de vie des parents : mauvais. Incapables de bien s'occuper de nous et pas disposés à le faire. Incapables de changer de mode de vie et pas disposés à le faire.

Incapables??? Nan, j'y crois pas. C'est juste qu'ils ne savaient pas comment s'y prendre…

— Peu probable qu'on retourne vivre avec les parents. Très bonnes raisons de rester à Chesterfields et pas en famille d'accueil car :

1. Les enfants doivent rester ensemble.
2. Visites des parents et de Phillip.
3. Lien fort entre parents et enfants.
4. Aucune famille d'accueil ne pourrait gérer l'attitude des parents.

— Hope sans doute à Chesterfields jusqu'à 18 ans. Semble s'être très bien adaptée. Doit être centrée sur Chesterfields, y compris activités scolaires/extrascolaires.

— Avant Chesterfields : vie terriblement perturbée et graves manquements. Important : la chance de grandir dans un environnement aussi sûr et propice que possible.

Veille de Noël, 1984

Je n'arrive pas à m'endormir. Trop d'excitation. Je me demande si j'aurai le disque de Duran Duran que j'ai demandé pour Noël… Je sais que le Père Noël n'existe pas, mais les petits du foyer y croient encore, alors on fait tous semblant. Aucun de nous n'a vraiment eu de Noël avant de vivre ici.

J'espère qu'ils me l'auront acheté. J'ai vraiment, vraiment envie de « The Wild Boys », c'est ma chanson préférée !

Il y a des cadeaux pour moi sous le sapin. On n'a pas le droit d'y toucher avant demain, mais je sais qu'ils sont là, c'est le principal. Je n'arrête pas de bouger les doigts de pied sous la couette, non pas pour me les réchauffer, comme à la maison, mais parce que ça me démange de me lever pour aller voir mes cadeaux.

Je pourrais peut-être descendre discrètement et jeter un œil ? Personne ne saurait…

Les filles de ma chambre sont endormies et le calme de cette grande maison remplie de gens est rassurant. Le sapin se trouve en bas de l'escalier, décoré de lumières et de guirlandes. C'est le plus grand sapin de Noël que j'aie jamais vu. D'ailleurs, ce Noël, j'ai vu aussi la plus grosse dinde, les plus gros *crackers*, les plus grands bonnets. Et dans la cuisine, la plus grande pile de choux de Bruxelles et de carottes, moins une qu'on a laissée pour Rudolphe le renne au nez rouge. Je n'ai jamais mangé de choux de Bruxelles. Maggie dit que c'est « dégoûtant », mais j'ai quand même envie de tester. Ils sont verts, et j'aime le vert. On aura aussi des pommes dauphine. La dernière fois que j'en ai mangé, je les avais volées dans le rayon surgelé du magasin du coin. Ne sachant pas comment les préparer, on les avait sucées comme des glaces. Phillip est arrivé à la maison à ce moment-là et s'est mis en colère en nous voyant. Pourtant, c'était bon.

Un bruit en provenance du rez-de-chaussée réveille Maggie. D'une voix pleine de sommeil, elle annonce : « Le Père Noël arrive. »

J'entends à sa respiration qu'elle se rendort.

Ce n'est pas lui. Il y a des voix. Un homme et une femme. Elle est énervée. J'espère que ce n'est pas ma mère.

Je me redresse et tends l'oreille, mais je n'entends pas mieux. Je m'aventure jusqu'à la porte de la chambre que j'entrouvre. C'est bien une dispute, et ce n'est pas ma mère.

Oh oh… C'est qui, alors ?

Comme la lumière du palier gêne Maggie, qui se retourne et grommelle dans son lit, je sors sur le palier.

Faut pas que je la réveille. J'aurais des ennuis.

Je veux absolument savoir qui c'est. Discussion à voix basses, mais en colère ; une troisième voix : « Calmez-vous ! » Je jette un œil du haut des marches. Le sommet du sapin de Noël me cache un peu. En bas de l'escalier, j'aperçois Craig et son ex-femme ; ils se disputent. Je vois aussi deux policiers. Des policiers ! Tous parlent à voix basse comme s'ils ne voulaient pas nous réveiller, mais Craig a l'air vraiment en colère, et son ex-femme l'accuse de toutes sortes de choses. On dirait qu'elle est soûle. Les policiers lui demandent de se calmer.

Oh non ! Craig est un type bien, elle ne doit pas vraiment penser ce qu'elle dit ! Il ne peut pas l'avoir frappée. Oh non…

Le disque de Duran Duran est oublié. Ce qui m'inquiète maintenant, c'est que Craig ne soit peut-être pas celui qu'il prétend être.

Est-ce que je peux lui faire confiance, à présent ? Personne d'autre n'a jamais dit du mal de lui, sauf ma mère. Est-ce à cause d'elle qu'ils se disputent ? Oh non… Peut-être qu'il ne me donnera pas mes cadeaux, si c'est à cause de ma mère…

Je n'en peux plus. Les policiers vont-ils trouver une solution ? Je connais ce policier : il arrive toujours à calmer ma mère juste avant de l'emmener au poste. Est-ce qu'il va faire la même chose avec Craig ? Vont-ils résoudre le problème ? S'ils me surprennent à les observer, je peux dire au revoir à mes cadeaux, Noël ou pas.

Je marche à reculons vers ma chambre, sans quitter la scène des yeux, mais en sachant que je ne devrais pas me trouver là. J'ai peur de louper quelque chose ou de faire craquer le parquet si je me retourne. Je reste allongée des heures sans pouvoir m'endormir. Je pense à Craig et à son ex-femme. La confiance que j'avais en lui s'est évanouie.

Le matin de Noël se lève dans une atmosphère d'excitation. En dehors du foyer, la plupart des vingt enfants qui vivent à Chesterfields n'ont jamais vécu une journée de Noël digne de ce nom. Le volume sonore semble deux fois plus élevé qu'un matin normal.

Aujourd'hui, pas de regards endormis ni de ronchonnements sur l'école. Aujourd'hui, c'est le chaos : les enfants courent partout. Dans la nuit, chacun de nous a reçu une grande chaussette contenant une clémentine, une pomme, une barre de chocolat et une pièce de dix pence. On sait tous que nos cadeaux nous attendent au pied du sapin ; jamais vingt enfants n'ont été si pressés de manger leurs cornflakes.

On se chamaille gaiement : « Non, c'est mon bol ! », « C'est mon assiette ! », « Dépêchez-vous, comme ça on pourra aller chercher nos cadeaux ! ».

« Pas trop vite, les enfants, du calme. Maggie, ne cours pas ! »

Je suis soulagée de constater que Craig est toujours là, même si, depuis cette nuit, il m'inspire un nouveau sentiment : la méfiance. À le voir, il ne s'est rien passé. Il ressemble au Craig habituel. Mais je sais que c'est une façade.

Les Duran Duran chantent « The Wild Boys ». Harold, Jack et moi sautons sur mon lit en essayant de danser comme Simon Le Bon. Je bouge la tête dans un sens et dans l'autre et on fait semblant de jouer de la guitare, nous prenant pour les stars du clip.

Aujourd'hui, j'ai découvert que je n'aimais pas les choux de Bruxelles, mais j'ai vu Jack et Harold sourire toute la journée. Parce que notre fête n'était pas synonyme d'alcool et de types qui viennent à la maison et disparaissent avec maman.

Je ne pense plus à ce que j'ai vu cette nuit. Aujourd'hui, on a passé une bonne journée, et pour la première fois depuis longtemps j'éprouve un nouveau sentiment ; je ne sais pas ce que c'est, mais je sais qu'aujourd'hui, pour la première fois de ma vie, je ne suis pas anxieuse.

Chesterfields, dimanche 3 février 1985

Par la fenêtre de l'étage, je surveille l'arrivée de mes parents. Pour une fois, ils sont à l'heure. Je regarde papa franchir la grille quelques pas devant maman qui lui rebat les oreilles. À son sourire, je me doute qu'il ne l'écoute pas ; ça va être une belle journée. En remontant l'allée, ils passent devant Julie et Craig qui nettoient le minibus.

J'entends Julie dire : « Bonjour, monsieur Daniels. » Et papa de répondre : « Bonjour. »

Maman n'est pas aussi aimable : « Journée de merde. »

Elle déboule par la porte juste en dessous de mon poste d'observation et je me précipite pour les rejoindre, mais c'est trop tard. Au bas de l'escalier, mes parents s'insultent comme s'ils étaient seuls au monde. Je fais demi-tour et retourne dans ma chambre.

Oh, putain de bordel. C'est quoi, leur problème ?

Notes prises par Hope en 1993, d'après les dossiers des services sociaux

Chesterfields, compte rendu du dimanche 3 février 1985.

Hope : très perturbée. Court dans sa chambre, en pleurs, quand ses parents arrivent et se disputent. Julie va la consoler. Descendent toutes les deux pour voir les parents.

Ils se disputent toujours. Hope remonte en courant, à nouveau en larmes ; toujours très perturbée.

Craig demande aux parents : quel est le problème ? Mme D. s'en prend tout de suite à lui. Accuse Craig d'un tas de choses, par exemple : « Vous et votre pouffiasse de 16 ans, cette fille qui vous colle toujours au cul. »

Craig lui rappelle les règles des visites et lui conseille de les respecter. Papa, très gêné, prend la défense de Craig. Papa s'en va.

Craig demande à maman de s'en aller ; elle refuse et lui dit : « Allez-y, vous n'avez qu'à me faire coffrer. »

Craig appelle la police. Je redescends ; je vois l'escorte de police. Ils emmènent maman ; elle ne se débat pas trop, mais continue d'accuser Craig.

Julie m'emmène à l'étage. Je suis toujours très perturbée. Julie me réconforte gentiment. Je lui dis que maman s'en prend toujours à Craig et à Chesterfields, qu'elle n'arrête pas de se plaindre de ma nouvelle chambre.

C'est le pire incident jusqu'à présent. Mais pas la première fois que je suis bouleversée. J'ai dit que je ne voulais plus voir mes parents. J'ai dit à Julie qu'ils étaient souvent soûls quand ils débarquaient à l'école le matin ou à l'heure du déjeuner.

La conversation se poursuit : je dis à Julie que mes parents sont de pire en pire. On sort marcher un peu. Je lui dis aussi que le lundi précédent maman est venue à l'école, soûle, et que Jack s'est caché, craignant que la directrice la voie. Julie m'a rassurée : Jack et Harold sont en sécurité, comme moi. Elle a dit : « Mais tes parents, eux, ne sont pas en sécurité. » D'après le compte rendu, elle l'a dit plusieurs fois.

Je décris les nombreuses disputes à la maison avant le foyer ; j'ai peur qu'il y ait d'autres disputes au foyer.

Jack et Harold disent au personnel qu'ils ne m'ont pas vue pleurer comme ça à cause des parents depuis longtemps. Le personnel m'aide à penser à des choses positives avant d'aller me coucher. On nous donne un chocolat chaud à tous les trois. J'ai dit que ça allait, que je voulais juste un câlin.

Je me souviens de cette journée. Enfin, je me rappelle l'arrivée de mes parents, la dispute, le fait de remonter l'escalier en courant, la police, les discussions avec le personnel. Maman ! Tout ce que tu as dit ce jour-là !

13

Les chouchous

Chez Betty, 1985

Les petits entrent et sortent de l'appartement du premier étage comme des yoyos. C'est l'appartement de Betty, une collègue de Craig. Tout le monde est très gentil avec moi et les garçons depuis la crise de maman, sauf Betty. Betty n'a jamais été gentille avec moi. Les autres filles disent qu'elle préfère les petits aux grands. Je ne suis pas très grande, puisque je n'ai que dix ans, mais elle ne m'aime pas pour autant. Ce n'est pas juste.

Je me suis assise à l'extérieur du salon, comme j'avais l'habitude de m'asseoir à l'extérieur de la cuisine, à la maison. Betty et Cathy sont dans la salle commune avec des adultes. Un homme et une femme. Ils ont l'air gentils. Leurs vêtements sont propres et bien repassés. La coiffure de la dame est parfaite. Ils ont l'air un peu nerveux, quand même. Cathy dort dans la même chambre que moi, mais j'ai beaucoup plus envie qu'elle de trouver une famille d'accueil. Parfois, le soir, dans le noir, on liste les raisons pour lesquelles on veut être la première à trouver une famille. C'est toujours moi qui gagne, et de loin. Alors je ne comprends pas pourquoi Betty et Cathy sont dans cette pièce et pas moi. J'ai entendu Betty présenter Cathy aux adultes :

« Cathy, voici tes nouveaux parents d'accueil. »

Je m'imagine qu'elle a dit : « Hope, voici tes nouveaux parents d'accueil. » Mais non, parce que Betty ne m'aime pas et n'a pas envie que j'aie ce que je veux. Ça me rend toute bizarre quand j'y pense.

Tous les petits ont le droit d'entrer dans l'appartement de Betty, mais pas moi. Je les regarde s'engouffrer par la grande porte coupe-feu jaune ; elle leur sourit. Elle a fait des gâteaux, je le sais. Les petits vont jouer chez elle. Mais je suis contente : elle nous a tous invités dans sa maison de Barnet ce week-end.

Le bus passe le portail de Chesterfields en cahotant. Je regarde les bourgeons aux branches des arbres.

Les arbres sont vraiment intelligents : ils changent de couleur, perdent leurs feuilles et grandissent à nouveau. Bientôt des marrons ! J'aurais bien aimé aider maman à renaître comme ça.

À l'approche de Barnet, je remarque que les portes de certains des magasins qui bordent la rue sont condamnées. L'*Evening Standard* titre : « Mandela refuse une liberté négociée ».

Il faudra que je pense à demander à Julie : « Qui est Mandela ? Pourquoi est-ce que quelqu'un refuserait la liberté ? » Mieux vaut ne pas poser la question à Betty. Si je suis dans ce bus, c'est seulement parce que j'ai été très sage.

La maison de Betty a un étage. À l'intérieur, c'est super propre et ça sent encore meilleur que le hachis parmentier. Apparemment, les petits connaissent déjà la maison parce qu'ils se dirigent directement vers les jus de fruits dans la cuisine. Je reste dans le salon. La décoration est très fleurie : il y a des fleurs sur tous les murs et toutes les chaises. Beaucoup de photos de vieilles personnes, pas d'amis ni de gens de l'âge de Betty, ni d'enfants, ni de mari. Certaines femmes sur les photos ressemblent à Betty, mais avec des rides.

Je vois tout le monde dans le jardin, bien emmitouflé. Les petits poussent des cris de joie à l'idée d'aller caresser le lapin du voisin.

« Vous devrez faire très attention, les enfants, ne lui faites pas de mal. Il ne faut pas lui faire peur. »

Un attroupement se forme au portillon de la clôture qui mène chez le voisin. Je décide de les suivre, mais, arrivée à la barrière, Betty m'empêche de les rejoindre.

« Hope, qu'est-ce que tu fais là ?

— Rien, Betty. Excuse-moi, je vais juste rejoindre les autres.

— Non, je ne crois pas, Hope. Puisque tu aimes tellement fouiner par ici, tu vas aller t'asseoir sur le canapé. Tout de suite, Hope. »

Le ton de sa voix n'appelait aucune discussion. C'est le genre de voix qui dit : l'adulte, c'est moi, et si tu ne suis pas les règles, tu vas avoir des problèmes. Le genre de voix qui vous fait peur, et qui est assez forte pour vous haïr.

Je m'assois sur le canapé.

« Très bien, tu restes là jusqu'à ce qu'on s'en aille. »

Je ne proteste pas. Je me contente de rester assise.

Elle a dit aux autres que j'étais quelqu'un d'horrible. Elle leur a dit qu'elle ne m'aimait pas, c'est pour ça qu'ils ne jouent pas avec moi. Ils sont dehors et Betty ne veut pas me laisser les rejoindre. C'est pas juste, c'est pas juste. Je voudrais qu'elle s'en aille et qu'elle ne revienne jamais. Jamais. Jamais. Elle est dégueulasse de me détester. Je veux rentrer à Chesterfields, pas rester dans cette maison qui pue, sur ce canapé débile, avec ses photos débiles de vieux débiles pendant qu'elle joue avec les autres dehors, en leur disant tout le mal qu'elle pense de moi.

Plus je grandis, plus j'ai du mal à exprimer par des mots ce que je ressens. Les pensées me viennent à l'esprit et y restent prisonnières. De retour à Chesterfields, ma tête est encore lourde ; je n'arrive pas à chasser l'idée que Betty me déteste. Elle reste bloquée au fond de ma gorge et s'enfonce dans mon crâne. À défaut de parler, il m'arrive de taper du pied ou de claquer les portes pour essayer d'arrêter le tourbillon de mes pensées. Elles me poursuivent jusque tard le soir et parfois je ne dors pas, même quand ils me donnent un chocolat chaud et que j'ai le droit de rester debout jusqu'à ce que je me sente mieux. J'ai l'impression que tout le monde me déteste. Sauf Julie, ma coordinatrice. Julie me dit que je dois essayer de parler des trucs qui me perturbent, au lieu de « péter les plombs ». Mais il y a tellement de « trucs » que j'ai peur d'en parler.

Qu'est-ce qui arrivera si je me mets à parler et que je ne peux plus m'arrêter ? Ils me détesteront tous encore plus, voilà ce qui arrivera ; à cause de ce qui s'est passé à la maison. Aucune famille ne voudra de moi et ils me chasseront d'ici. Qui voudrait d'une voleuse ? Et s'ils trouvent que je n'ai pas été à la hauteur avec les garçons ? Ils sauront tout… sur un tas de choses… Je ne peux pas leur parler. Impossible.

Je suis allongée sur mon lit. Un souvenir tente de me revenir ; un homme et Jésus sur sa croix. J'ai l'impression de revivre ce moment. Il est devant moi, avec maman, sur le lit ; je sais que ce n'est pas réel, mais je le vois, là, devant moi. Je secoue la tête pour chasser cet homme qui fait de vilaines choses avec maman. Mais il reste là jusqu'à ce qu'il ait terminé. J'ai mal à la tête. Je me lève.

Il faut que je sorte, je ne veux pas rester enfermée ici. Ça ira mieux quand on nous aura trouvé des parents d'accueil. On fera enfin partie d'une vraie famille et on mangera des cornflakes Kellog's au petit-déjeuner. Pas la peine que les gens sachent quoi que ce soit.

Je cours dans le jardin, claquant la porte derrière moi, et grimpe tout en haut de la cage d'écureuil. Là, je laisse mes pensées tournoyer dans le vent. J'imagine qu'il entre par une oreille et ressort par l'autre, les emportant avec lui. Du coin de l'œil, je vois que le personnel me surveille à la fenêtre. Je ne regarderai pas, je ne regarderai pas, je ne regarderai pas. Assise en haut de la cage d'écureuil, j'attends l'apparition de nouvelles feuilles aux branches des arbres. J'attends que le vent me vide la tête. J'attends le printemps.

À la dérive, 1985

Oh, c'est bien, ça... Mes problèmes partent à la dérive... Toutes ces pensées négatives sur l'école. Tous ces élèves qui n'arrêtent pas de parler de leurs vacances avec leurs parents... Tout ça est très loin de moi. Je flotte.

C'est bon, ce truc. Je sniffe le couvercle de l'aérosol et plus personne ne sait que ma mère est une pute, et même s'ils le savent, je m'en fiche : je vole. Faut que j'en trouve encore. Tous les soucis du monde s'envolent grâce à une bombe aérosol. On pulvérise dans le couvercle et tout ce qui nous ennuie part à la dérive.

Ma chambre, 1985

Ma chambre est rose. Je n'arrive toujours pas à croire qu'elle soit aussi belle. Je fais de mon mieux pour qu'elle reste bien rangée. Tous les matins, je fais mon lit et même si certains jours je n'ai aucune envie de me lever, je n'ai pas le choix. Papa et maman continuent de venir à l'école, soûls : papa essaie de raconter des blagues à tout le monde sur la cour, et tout le monde trouve ça drôle, sauf moi et les institutrices.

Je partage maintenant ma chambre avec Megan et Maggie. Elles ont deux ans de moins que moi, alors je suis un peu la maman. Je passe des heures à les coiffer. Je leur fais des tresses africaines, comme celles des filles noires de Hackney. C'est joli une fois terminé, mais je dois me concentrer sur toutes les étapes pour bien les réussir. C'est ma copine de l'école qui m'a appris.

On s'assoit sur le lit de Maggie. Pas sur le mien, parce qu'il est bien fait et que c'est le mien. D'abord, je les peigne en démêlant bien tous les nœuds – c'est mieux si les cheveux sont un peu mouillés. Ensuite, j'isole une mèche, j'en prends un bout que je sépare en trois brins que j'entrelace. Je continue comme ça jusqu'en bas de la mèche pour obtenir une tresse bien serrée. On coince le bout avec une perle ou parfois une barrette. En tout cas, pas un élastique : au début, j'en utilisais, mais les cheveux de Maggie s'emmêlaient à l'intérieur et se cassaient.

On passe des heures à faire plein de choses dans cette chambre, après l'école et le week-end. On joue jusqu'à ce qu'on nous appelle pour le dîner. J'ai l'impression d'avoir des sœurs. J'ai l'impression d'être au paradis.

Du potentiel, 1985

On va changer d'école. Je n'aurai plus envie de me cacher sous la table en voyant papa et maman se pointer.

D'après mon bulletin scolaire de Pâques, je rattrape mon retard. Il dit que je suis très intelligente, mais que je me déconcentre trop vite. Tu m'étonnes ! Il faut que j'apprenne à ne pas parler en classe en même temps que la maîtresse. Il paraît que j'ai du potentiel. Il faudra que je regarde ce mot dans le dictionnaire. Julie et Craig sont en train de lire mon bulletin. Ils ne l'ont pas jeté directement à la poubelle comme maman.

Depuis la nuit dernière, ça fait un mois que je ne fais plus pipi au lit. Julie et Craig sont très fiers de moi. Tous les deux me sourient ; Craig pose une main sur ma tête et m'ébouriffe les cheveux jusqu'à ce que je rigole.

Mais la vraie bonne nouvelle du jour, c'est que Betty la sorcière s'en va. Je suis tellement contente quand Craig me l'annonce que je sors danser dans le jardin. Au bout d'un moment, Craig passe une tête par la porte de derrière et me demande de rentrer, parce que « ce n'est pas très élégant de hurler comme ça ».

« Youpi ! Youpi ! La sorcière s'en va ! »

Mais au ton de sa voix, je sais qu'il est heureux que la sorcière s'en aille, lui aussi.

Vacances d'été, juillet 1985

La télé passe le concert de Live Aid et on attend Duran Duran. Je suis tellement excitée que j'ai peur de faire pipi dans ma culotte. Je vais me marier avec Roger Taylor. Je voulais épouser Simon Le Bon, mais il vient de se marier.

Début juillet, on a pris l'avion pour partir en vacances ! C'était génial. Pendant deux semaines entières, je n'ai pas eu besoin de dire aux adultes ce qui se passait dans ma tête. Ils ont été vraiment sympas avec nous. Gentils, attentifs, jamais de cris. Mais pendant deux semaines entières, personne ne m'a demandé si ça allait comme ils le font d'habitude, avec cette manie de pencher la tête sur le côté en prenant une petite voix : « Ça va, Hope ? Tu as besoin de quelque chose ? » Comme si j'étais censée avoir un horrible secret à avouer. C'est la phrase qu'on imite le plus souvent entre nous. Mais pendant les vacances, on ne l'a pas entendue. Pendant deux semaines entières, personne ne m'a posé de questions d'une petite voix, et s'ils l'avaient fait, j'aurais pu répondre que tout allait bien et que je n'avais pas besoin d'aérosol.

Il y avait moins de règles pendant les vacances, et c'était marrant de ne pas se coucher à heure fixe et de dépenser l'argent de poche qu'on avait économisé.

À part une leçon de morale parce qu'on avait « dépassé les bornes » en restant en discothèque jusqu'à plus de minuit, les adultes ont été cool. Ils se sont assis avec nous et on a rigolé ensemble. Et puis ils nous ont expliqué d'un air sérieux que c'était important qu'ils puissent nous faire confiance, et qu'on ne devait pas les trahir.

Ils nous ont demandé s'ils avaient déjà manqué à leurs promesses. Personne n'a pu trouver un seul exemple. Alors ils nous ont dit que tout ce qu'ils demandaient, c'était la même chose de notre part. J'ai trouvé ça bien.

Nouvelle école, 1985

Ma nouvelle école est merdique. Les profs sont merdiques, les élèves sont merdiques. C'est tous des bourges qui parlent de trucs que je connais pas : des vacances en famille, des vélos neufs, des clubs, des cours de piano et ce genre de trucs débiles.

Le seul point positif, c'est ma nouvelle copine, Erica. Elle a une mère géniale qui s'appelle Alice. Alice m'écoute et me laisse aller chez elle.

J'ai rencontré Erica parce que c'est ma voisine de classe. C'est la première personne qui m'a demandé pourquoi j'apportais du déodorant à l'école, et pourquoi je le cachais dans ma manche.

Je lui ai dit : « Je le sniffe en maths pour me vider la tête. Pourquoi, tu fais comment, toi?

— J'écoute Duran Duran et Culture Club.

— Ah…

— Tu veux venir chez moi écouter des disques?

— D'accord. Je peux apporter mon 45 tours de "Wild Boys"?

— Bien sûr! »

Ce soir-là, je suis rentrée le sourire aux lèvres. Et je n'ai pas sniffé une seule fois de la journée.

14

L'influence d'une mère

Maman a besoin d'aide, 1986

« Hope, Hope, viens ici, Hope. »

Je m'approche de ma mère. Pendant les dernières visites, elle est restée calme. Pas autant que les autres parents, mais ça allait. Je la renifle systématiquement pour savoir si elle a bu. Elle a bu.

« Hope, on se demandait avec ton père pourquoi tu grossissais comme ça, et les gars nous ont dit que c'est un vrai supermarché, ici… Alors tu sais, Hope… On se disait que tu pourrais nous aider un peu… Tu sais, c'est pas facile, en ce moment. Tu vois, juste quelques bricoles, comme ça, dans les placards… Personne verra rien. T'inquiète pas, Hope, personne s'en apercevra. Il y a tellement de choses ici ! »

Elle me regarde avec ses grands yeux pleins d'espoir. Je baisse la tête.

J'ai pas envie de faire ça. Au foyer, ils sont gentils avec moi. J'ai pas envie d'être rejetée, mais en même temps, j'ai envie de lui faire plaisir. Peut-être qu'elle recommencera à m'aimer, si je le fais…

Je relève les yeux. Devant mon silence, sa voix se durcit légèrement, mais elle reste souriante :

« Allez, Hope… Chérie, c'est quand même toi qui nous as mis dans ce pétrin. Le moins que tu puisses faire, c'est trouver un peu à manger pour ton père et ta mère, non?

— D'accord, maman. Je le ferai.

— Voilà ! C'est bien. Je savais bien que tu laisserais pas tomber tes vieux parents. »

Au moment où je me retourne pour partir, sa voix perd tout son miel :

« Oh, et n'oublie pas de prendre quelque chose pour le chat. »

En un instant, mon cœur se serre.

Ce fichu chat est mieux traité que nous. C'est vraiment pas juste.

Une canette de Coca, 1986

J'ai hâte de voir mon assistante sociale. Elle doit venir demain, après l'école. Je me sens un peu bizarre ces temps-ci et je voudrais lui en parler. J'ai l'impression que mes parents vont de plus en plus mal et que quelque chose se trame.

Elle va m'emmener dîner. Elle ne vient pas voir les autres : juste moi. C'est vraiment chouette. Je l'aurai pour moi toute seule. Elle m'emmène dîner, seulement moi, les autres resteront au foyer.

Je suis assise à la fenêtre du salon quand je vois soudain ma mère. Elle titube, son éternelle canette de Coca à la main – je sais bien qu'elle contient davantage de whisky que de Coca.

Merde, j'y crois pas! Qu'est-ce qu'elle fiche ici ? Elle a l'air en colère… Ça sent les ennuis.

« Craig, Craig ! Vite, ma mère est là et elle a pas l'air contente ! Il faut pas que les autres la voient, elle va encore leur faire peur ! Craig, arrête-la, s'il te plaît ! Vite ! »

On sort en courant par la porte latérale pour rejoindre l'allée. Trop tard. Ma mère est déjà quasiment à l'entrée. Je me cache derrière Craig en espérant qu'elle disparaisse, qu'elle s'écroule et qu'elle meure. La vie serait plus facile.

« Madame Daniels ? »

La seule vue de Craig agit comme un déclic. Elle tourne les talons et charge sur lui en hurlant :

« Salaud ! Espèce de salaud ! Putain de pédophile ! Pédophile ! »

Je ne sais pas ce qu'elle veut dire, mais je suppose que ce n'est pas ce qu'on peut dire de mieux à quelqu'un, parce que Craig n'arrête pas de demander qu'on appelle la police.

Oh merde ! Oh merde ! Oh merde !

Julie nous appelle depuis le couloir !

« Hope, les enfants, montez tous à l'étage ! Dépêchez-vous ! Allez, Hope, viens !

— Julie, qu'est-ce qui se passe ?

— T'inquiète pas, Hope, viens. Allez, par ici tout le monde ! »

Comme des poussins sous l'aile d'une poule, on nous mène dans l'appartement privé du premier étage. La porte se referme derrière nous, mais je n'arrive pas à me calmer.

« Merde, merde, merde ! Qu'est-ce qu'elle fait ? »

Je me précipite pour aller ouvrir la fenêtre. Dehors, maman est presque pliée en deux, un peu chancelante, la canette toujours à la main. Elle l'agite entre Craig et elle.

« Je sais ce que tu fais avec les filles, espèce de sale pervers. »

Elle postillonne quand elle parle ; elle titube en avant et en arrière. Ses pieds font des zigzags, comme si elle essayait de danser sur une musique inexistante. Les seuls sons que l'on entend, ce sont ses accusations de toutes sortes et les tentatives de Craig pour la calmer. Je me focalise sur ses pieds : le gauche s'avance, puis les deux semblent s'effondrer vers l'arrière. Elle arrive malgré tout à garder son équilibre, le bras tendu devant elle, la canette faisant contrepoids.

Ne recommence pas, maman. Va-t'en, va-t'en !

Je l'ai déjà entendue accuser Craig, mais elle n'a jamais été aussi agressive qu'aujourd'hui. Elle crache son venin et jette le doute sur un homme qui ne m'a jamais montré que gentillesse et soutien.

Je la regarde s'acharner sur lui ; elle crie, le frappe, le traite de tous les noms. Les autres enfants la regardent eux aussi.

Je la vois gifler Craig avec un de ses talons aiguilles. Il lève le bras pour se protéger le visage. Elle le griffe et lui crache dessus.

J'ai envie de mourir. Je la déteste. Pourquoi est-ce qu'elle amène le malheur dans ce foyer ?

Les sirènes de police se taillent un chemin à travers les rues. Quand les policiers sortent de la voiture, elle se jette à nouveau sur Craig et l'attrape par les cheveux pour le frapper et lui griffer le visage. Elle continue d'agiter les bras tandis que les policiers l'emmènent et l'obligent à monter dans leur voiture, mais ses coups n'atteignent plus que du vide.

Je les regarde faire demi-tour et s'en aller. Les voix derrière moi doivent avoir oublié qui elle est, ou que je suis là :

« C'est la goutte de trop. Elle aura sûrement plus le droit de revenir, maintenant.

— Nan... »

Je cours dans ma chambre, en pleurs. J'ai tellement mal.

Je la déteste. Je la déteste. J'en ai marre de souffrir. Je veux qu'elle meure, comme ça je pourrai être heureuse.

Bingo, 1986

Maman semble avoir accepté la situation. Elle arrête de rejeter la faute sur moi et a l'air un peu plus calme depuis qu'elle a été interdite d'accès à Chesterfields. Elle boit toujours, mais les hommes ne viennent plus à la maison quand on s'y trouve et elle ne me prend plus la tête comme avant.

Elle est en haut avec les garçons, dans sa chambre, devant la télé. Tant mieux, comme ça je reste seule avec papa. Il a gardé pour moi les numéros du bingo, dans le *Sun*, et on est en train de jouer. J'annonce les numéros, qu'il coche sur la carte :

« Deux grosses dames, 88.

— Non.

— Propre et neuf, 29.

— Oui !

— Pas de malaise, 13.

— Oui !

— C'est tout, papa. On a gagné ?

— Non. »

C'est la même chose à chaque fois, avec des numéros différents. L'excitation, le suspense et puis finalement la déception de ne pas avoir gagné. Je regarde mon père, ravie de cette routine qui n'existait pas quand on vivait ensemble.

D'abord, on repère les vide-greniers dans la *Gazette de Hackney*.

« Celui-ci, Hope.

— Non, papa, celui-là.

— C'était merdique, la semaine dernière. Non, Hope, celui-ci est mieux.

— OK, papa, on n'a qu'à aller là.

— D'accord, mais avant… j'ai des petites choses pour vous cette semaine ! »

Il disparaît dans la cuisine et je m'engouffre à sa suite. J'aime bien cette pièce que le soleil arrive toujours à embellir, même si les murs, les placards et le plafond attendent encore un coup de peinture depuis l'incendie qui a eu lieu avant notre emménagement.

Une assiette est posée sur la table, avec une pile de quelque chose cachée par une serviette.

« C'est quoi, papa ? Qu'est-ce que tu nous as pris ?

— Une petite douceur comme toi, Hope.

— Allez, papa, c'est quoi ? »

Je m'apprête à soulever la serviette, mais il repousse ma main et prend la pose du magicien :

« Abracadabra !

— Des beignets ! Avec du sucre ! Oh merci, papa ! »

J'adore ça !

Ma part a disparu avant même qu'on ait le temps d'appeler les garçons. La bouche couverte de sucre et de confiture, je vais me débarbouiller devant la glace, un peu contrariée d'avoir mangé mon beignet si vite. Les garçons arrivent en courant, les yeux écarquillés. Sans dire un mot, ils engloutissent le leur tout aussi vite, de peur qu'il ne disparaisse.

Cela suffit à nous satisfaire, mais papa n'en a pas terminé. Il a préparé trois sacs en plastique remplis de choses qu'il a volées. Je prends le mien sur la chaise et vais le vider sur le sol du salon. Ils sont là : tous les numéros de la *Gazette de Hackney* depuis notre dernière visite – qui remonte à trois mois, d'après la date du plus vieux numéro. J'adore la *Gazette de Hackney*. Ça me rappelle toujours la maison, quand on déchirait les pages pour en faire du papier toilette et qu'on essayait de rassembler les morceaux pour lire les articles. Il y a également des magazines : cette fois, il m'a trouvé un *Jackie* ! J'ai aussi du déodorant, du shampoing et plein de bonbons ; tout ce qui tient dans une main puis se glisse dans une poche ni vu ni connu.

J'aimerais bien savoir voler comme mon père.

Une fois l'exploration des sacs terminée, maman et les garçons remontent regarder la télé, nous laissant à notre affaire, mon père et moi avec nos jeux de bingo où l'on ne gagne jamais, avant de choisir notre programme télé de l'après-midi – aujourd'hui, comme d'habitude, ce sera du catch et *L'Agence tous risques*.

Des journées comme celle-là n'étaient pas si fréquentes, mais cela ne les rend pas moins particulières dans mon cœur. Je suis heureuse d'avoir gardé ces bons souvenirs avec mon père. Le seul problème, c'est que les mauvais souvenirs s'invitent juste après. Quelqu'un frappait toujours à la porte, à la fin de ces belles journées, et c'était le signal qu'il était temps pour les garçons de redescendre : un type de chez Radio Rentals venait réparer la télé. « Maman surveille ce qu'il fait », commentait papa. Je savais bien qu'il ne travaillait pas chez Radio Rentals : c'était un habitué, Gary, dont mes parents prétendaient que c'était un copain. Je ne sais pas pourquoi ils mentaient. Le juge leur avait dit que nous savions que des hommes venaient à la maison faire des cochonneries avec maman. Ils arrivaient tous avec une bouteille de whisky et un sourire qui me gâchaient la journée.

Le départ de Julie, 1987

Je suis assise dans le couloir près de la porte de la cuisine, incapable de me défaire de mon habitude d'écouter les conversations des autres.

En même temps, comment savoir ce qui se passe, autrement ? Ici, personne ne vous dit jamais rien.

« Alors, Julie s'en va ? Quand même, tomber malade comme ça… »

Quoi ? Ah non ! Non ! C'est ma Julie à moi. Elle ne peut pas s'en aller. J'ai confiance en elle. Elle ne peut pas tomber malade. C'est la seule qui me défend quand j'ai fait des bêtises. Qui me prend dans ses bras quand je suis triste. Julie ! Elle ne peut pas s'en aller, c'est impossible.

Cette fois, il va falloir qu'ils m'expliquent ce qui se passe. Je surgis dans la cuisine ; la porte se balance encore sur ses gonds quand je demande :

« Pourquoi Julie s'en va ?

— Hope, qu'est-ce que tu as entendu ? » C'est Craig.

« Tu as dit qu'elle partait. C'est pas possible. Elle peut pas s'en aller. »

Craig me sourit.

« En vacances, Hope. Elle part en vacances. »

Je le fusille du regard. Il ment. Je suis sous le choc.

Je ne le sais pas encore, mais Julie va bientôt partir et je ne la reverrai jamais. Je n'ai jamais connu la raison de son départ. Mais quelle qu'elle soit, Craig mentait, ou alors c'étaient de très longues vacances. Quand vous ne comprenez pas pourquoi les gens vous quittent, cette amertume vous suit toute votre vie.

Une sortie, 1987

En route pour le cinéma et le McDonald's avec papa et maman. Enfin, pas vraiment. Le foyer a donné de l'argent à mes parents pour cette sortie, mais quand on rentrera, il faudra qu'on mente à Craig.

Pour éviter une dispute entre maman et le personnel, un taxi vient nous chercher au foyer et nous dépose devant le grand cinéma de Holloway Road. Les parents arrivent et nous emmènent au McDo, mais eux ne mangent pas. Ils blaguent avec nous, tentant de nous amadouer pour qu'on dise un gros mensonge.

« Très bien, dit papa, imagine que je suis Craig et que je te demande : "Qu'est-ce que t'as vu au cinéma ?"

— Rien, papa. On n'est pas allés au cinéma.

— Naaaan. Tu dois répondre que t'as vu *Grease.*

— Mais on est déjà allés voir *Grease*, papa.

— Eh ben dis à cet enculé que t'es allé le revoir ! »

Harold grommelle.

« Allez, on recommence. Bon, je suis Craig : "Qu'est-ce que t'as vu au cinéma ?"

— *Grease.*

— Voilà ! Parfait ! Mais prends pas cet air coupable, bon sang. T'as eu ton McDo, non ? T'es pas mieux ici à discuter avec ton père et ta mère plutôt qu'au cinéma, à regarder un film que t'as déjà vu ?

— Si. »

À la fin du repas, je n'ai même plus le sentiment de mentir. On fait juste ça pour que papa et maman récupèrent l'argent du cinéma, qu'ils préfèrent dépenser au pub.

Changement d'équipe, 1987

Quand je me réveille, ce matin, le soleil brille. Je reste allongée, les yeux fermés, au chaud et en sécurité.

J'ai de la chance. Ici, les gens sont gentils avec moi, comme des grands frères ou des grandes sœurs. C'est vraiment bien de ne pas se sentir anxieuse.

Les bruits de l'été m'attirent dehors et me rappellent que les grandes vacances ont commencé et que j'aurai bientôt treize ans. Tout va super bien depuis des siècles. Maman n'a plus le droit de venir au foyer. Je n'ai pas mouillé mon lit depuis une année entière. Mon bulletin scolaire s'améliore chaque trimestre. Les profs disent que je me débrouille bien, que le changement d'école m'a apporté une stabilité dont j'avais besoin, mais que je dois encore faire des efforts parce que je n'ai pas exploité tout mon potentiel.

Hier soir, avec Craig, on en a discuté. Il m'a expliqué que tout le monde m'aimait bien au foyer, qu'ils étaient là pour m'aider à progresser. Je dois rester moi-même, et ne pas m'inquiéter tout le temps de plaire aux autres. J'ai beaucoup pensé à tout ça, hier soir, avant de m'endormir. Et c'est la première chose qui me vient en tête au réveil ; cette discussion et les vacances d'été !

Craig a raison, je dois penser à moi avant de penser aux autres. Me concentrer sur l'école à la rentrée. Mais pour l'instant, c'est les vacances ! Allez, debout !

Je descends l'escalier d'un pas lourd. Dans la cuisine se trouve une femme que je ne connais pas.

« Vous êtes qui ? Où est Craig ?

— Je m'appelle Penny. Craig ne travaille plus ici.

— Quoi ? Comment ça se fait ?

— Euh, ça, il faudra le demander à la nouvelle directrice. Elle sera là à 9 heures. Tu dois la connaître, elle a déjà travaillé ici. Elle s'appelle Betty.

— Oh merde…

— Excuse-moi, jeune fille, mais comment t'appelles-tu ?

— Hope.

— Alors du calme sur les gros mots, Hope, s'il te plaît. Et maintenant, prends ton petit-déjeuner sans parler.

— Mais où sont les autres adultes ?

— Sans parler. Ils sont tous partis. Betty va constituer une nouvelle équipe. En attendant, des intérimaires vont les remplacer. »

Betty, merde… La sorcière est de retour. Peut-être que c'est une autre Betty ? Non, ça doit être elle, je n'en connais pas d'autre. Oh putain… Qu'est-ce qui se passe ? Pourquoi on nous dit rien ? Où est Craig ? Où est Julie ? Pourquoi ils sont partis sans nous dire au revoir ? Ils ne feraient jamais ça… Pourquoi ? Pourquoi ?

Coup de poing dans le mur. Tous ces visages d'adultes sont nouveaux : je n'en connais aucun, je ne peux placer ma confiance en personne. Je commençais seulement à faire confiance aux autres et ils sont partis.

Mais qu'est-ce que j'ai fait ? S'ils sont partis, c'est à cause de moi. C'est ma faute, c'est forcément ma faute. Tout le monde s'en va à cause de moi.

J'ai une grande douleur dans la poitrine, je me sens oppressée. Seule et abandonnée.

Je n'aime pas ce changement. Je suffoque. Je ne veux pas voir Betty la sorcière. Elle me déteste, elle a ses chouchous. Il faut que je m'en aille avant qu'elle arrive. Mais pourquoi ils sont partis ? Pourquoi ils m'ont laissée toute seule ici ? Qu'est-ce que je vais faire ?

À ce jour ni moi ni les autres enfants de Chesterfields n'avons découvert la raison de ces départs si soudains.

Je me sens un peu bizarre. *Je n'aurais pas dû boire autant.* Je suis dans un taxi de West End. Il me ramène au foyer. Je vais voir si Betty la sorcière est arrivée et a viré tout le monde. Je n'ai pas d'argent pour payer le taxi.

Elle n'aura qu'à le payer. Elle a dit que j'allais finir comme ma mère. Eh ben je vais lui montrer. Qu'elle le paie, ce taxi, parce que je n'ai pas d'argent. C'est sa faute si les autres m'ont laissée toute seule. Ils étaient gentils. Je suis sûre qu'elle les a virés pour pouvoir diriger le foyer seule et s'occuper de ses chouchous. J'ai pas dit au chauffeur que je n'avais pas d'argent. Ouuups ! Faut pas que je vomisse. Hé, monsieur, doucement dans les virages.

J'ai beau être soûle et ne pas avoir d'argent, je ne m'en fais pas : le foyer paiera, non ?

15

La photo

Dans le journal, 1987

« Regarde ! Regarde, Hope. » Mon assistante sociale me tend le journal. « Tu veux un thé ? »

Je hoche la tête, incapable de croire ce que je vois : moi, dans le journal. Page 13, en haut à droite.

Est-ce que c'est un bon emplacement ?

C'est moi. Dans la presse nationale. Mais pas comme quand maman était dans le journal et que papa essayait de nous le cacher.

Je lis ce qui est écrit sous ma photo : « Voulez-vous vous occuper de cet enfant ? » Je fixe ma propre image.

Ils m'ont donné un faux prénom : Michelle. Michelle a treize ans. Michelle est blonde. Michelle recherche une famille prête à l'aimer. Elle a besoin du soutien d'un environnement stable. Elle est intelligente. Elle me regarde, comme elle regarde tous les gens qui voudront s'occuper de moi. Eux aussi la regardent. Je le sais. J'approche le journal à quelques centimètres de mon visage et je la fixe dans les yeux, en espérant ne pas voir ses secrets. Est-ce que

Michelle les a bien cachés ? J'ai l'impression de me regarder dans la glace.

Les picotements au bas de mon ventre se diffusent dans un frisson qui m'arrache un sourire de plus en plus large tandis que je me redresse, toute fière. La tête haute, je sens une étincelle dans mon regard. C'est l'éclat du possible, de l'avenir, de la famille imaginaire qui va me recueillir. Je vois déjà ma chambre, rose, avec des couvertures moelleuses, ma propre penderie où je pourrai poser mes bagages. Un endroit où je n'aurai pas à faire ma valise tous les mois. Un endroit où l'on ne perd pas ses affaires. Un endroit pour les chansons de Bros et les posters de Duran Duran. Des rires. De la gentillesse. Des repas agréables. De la nourriture qu'on n'a pas besoin de partager. Quelqu'un qui dicte les règles pour moi. Qui m'achète des vêtements et me laisse sortir. Un endroit où j'aurai envie de rentrer chez moi.

Un endroit où je n'aurai plus à me rebeller en faisant précisément tout ce qu'il ne faut pas faire. La rébellion par l'abaissement aux pires attentes des gens. Tout faire pour se conformer aux clichés qui entourent une adolescente placée en foyer. Aujourd'hui, avec cette annonce, j'ai une chance de changer ! D'être quelqu'un. Une chance de balayer les clichés, de réécrire l'histoire, de modifier ce que les gens attendent de moi.

Avec une famille d'accueil, je peux devenir quelque chose, quelqu'un. Dans ma nouvelle famille, je n'aurai plus peur, plus mal. Je n'aurai plus envie de me charcuter. Je pourrai exprimer mes sentiments de la même manière que n'importe qui, au lieu de me replier sur moi-même et de taillader ma propre peau. C'est devenu un rituel : la lame du couteau, le long de mes cuisses, soulage ma tension intérieure. Un mécanisme pour supporter la peur et les émotions complexes que je ne sais pas gérer. La pression monte comme dans une bouilloire puis se volatilise dans l'atmosphère quand la lame s'enfonce dans ma chair. Un centimètre, quinze centimètres. Un endroit, peut-être, où je ne me sentirai plus contrainte de faire cela pour m'en sortir. Un endroit où je pourrai commencer à m'aimer. Ma tête retombe. Mon sourire a disparu. L'assistante sociale est sortie parler à quelqu'un, me laissant seule avec mes rêves.

Sans quitter Michelle des yeux une seule seconde, je pose le journal ouvert sur la table. Je scrute son visage, penche la tête et me représente les lecteurs du *Times*.

Est-ce qu'ils dorment bien, la nuit ?

Je me demande où le journal les attendra. Sans doute chez eux, dans l'entrée, en bas de l'escalier. Ils sont assez riches pour se faire livrer la presse à domicile. La lumière filtre par la fenêtre au-dessus de la porte d'entrée. Sur les murs blancs, des photos en noir et blanc. Dans les cadres, des portraits de gens souriants. Elle descend lentement les escaliers, en peignoir et pantoufles duvetées, et ramasse le journal sur le paillasson. C'est une femme moderne. Elle retourne le journal entre ses mains, commence par lire les titres puis les informations en bas de la une. Elle ne regarde pas les pages sports. Elle lit tout en marchant ; parcourt un article sur Julian Knight, dix-neuf ans, auteur d'une fusillade à Melbourne qui a tué sept personnes et en a blessé dix-neuf, avant de se rendre à la police.

Jolie entrée victorienne, avec corniche d'origine repeinte l'an dernier et, plus loin, quelques marches qui mènent à la cuisine et à la pièce du petit-déjeuner. Elle a toute une pièce rien que pour prendre le petit-déjeuner. Son mari arrive à son tour et lui sourit. Les cheveux en bataille. Il prépare le petit-déjeuner pendant qu'elle lit. Pose le thé, les toasts, le beurrier et le jus d'orange sur la table. Peut-être des fruits. Je sens presque l'odeur du café. Ils ont le temps de lire le journal. Ils se le partagent. Elle lui donne les pages sports et économie, et la une. Elle arrive page 13 et voilà que Michelle la regarde. Soudain sa vie bascule et elle le sait. Tout le reste de la journée, de la semaine, ils en discutent.

C'est ma photo qui donnera envie à ceux qui vont s'occuper de moi de devenir parents d'accueil. Je peux changer leur vie. Maintenant qu'ils m'ont vue, ils ne peuvent plus trouver le sommeil avant de m'être venus en aide. Le couple est d'accord pour entamer les démarches. Dans les prochaines semaines, eux et des dizaines d'autres vont écrire parce qu'ils veulent me secourir. Sur la photo, je souris, bien que j'aie un bouton en bas du menton. Je regarde de plus près. Je m'effondre.

Oh merde, j'ai un bouton.

Dix minutes après le départ de mon assistante sociale, je fais les cent pas dans ma chambre comme un animal en cage. L'inquiétude m'écrase. Personne ne voudra de moi à cause de ce bouton, je ne suis pas digne de leur affection. Je marche en long et en large en me frottant les paumes des mains, le regard dans le vide. En surprenant mon image dans le miroir, je me rends compte que personne ne voudra m'aimer. On ne m'a jamais aimée, alors pourquoi cela changerait-il aujourd'hui? Je n'arrive pas à pleurer. La pression. La pression. Je sens qu'elle monte. Je serre ma tête entre mes mains.

Chasse-la. Chasse-la.

Des images de cet homme couché sur ma mère. Ma mère qui hurle sur moi.

Petit conne. Nulle. Idiote. Affreuse.

Au bout d'un moment, vous finissez par croire ce que l'on vous répète. Je suis assise sur mon lit, maintenant, à me balancer d'avant en arrière. Les larmes ne viennent pas. Je m'agrippe les cheveux et me frotte le crâne sans me soucier de l'enchevêtrement de ma chevelure. Le plus important, c'est d'extirper ces affreux souvenirs de mon esprit.

L'odeur de mon lit mouillé. Les poux. Mon frère qui nous quitte. Mes sœurs qui sont parties. L'attaque de la foule. Personne ne m'aime parce que j'ai fait quelque chose de mal. Je ne sais pas quoi, mais ma mère m'a dit que je ne valais rien.

Tu ferais mieux de dégager de ma vue, espèce de sale gosse.

Whisky. Cigarettes. Fumée. Ces types étranges, les deux frères, qui sont devenus ses amis. L'un d'eux qui lui touche les seins. Papa qui regarde sans rien dire. Sans bouger. Sans la protéger. Il les laisse monter. Il reste en bas. Le plancher craque sous les pas de ma mère.

Hope, tu finiras comme ta mère.

J'ai envie de pleurer, mais je n'y arrive pas. La pression monte, mon crâne se remplit, j'ai l'impression que mon visage est pilonné de l'intérieur. Dans le même temps, le reste de mon corps est engourdi par la pression. Comme si j'étais deux personnes à la fois. L'une d'elles crie, me jette toutes sortes de souvenirs à la tête et me rappelle que je ne vaux rien. Je ne suis même pas capable de mettre des mots sur ce qui me blesse, parce que j'ai enfoui tous ces sentiments dans un recoin sombre, tout au fond de moi. Quand je suis dans cet état, c'est comme si cette petite personne que j'ai créée cherchait à s'échapper. Mais je la repousse encore plus loin en moi. J'enferme ma douleur si profondément que je deviens incapable de la verbaliser.

La pression. La pression monte. Ma tête va éclater. J'ai besoin de me libérer. Quoi que je fasse pour l'éviter. La pression, la pression. Je crois que je vais m'évanouir si je ne prends pas mon kit à temps. Je crois que je pourrais me jeter d'un pont si je n'expulsais pas ces sentiments. Je ne peux pas les exprimer, mais je ne peux pas non plus les surmonter. Il faut que je les expulse. Comme à chaque fois.

Je ne me rappelle pas avoir pris mon kit au fond de mon tiroir à sous-vêtements, mais il est là, à côté de moi. Je laisse sortir la personne qui d'habitude se cache tout au fond de moi. Elle ouvre la boîte – c'est ma main, mais j'ai l'impression que c'est quelqu'un d'autre. Ma main ouvre la boîte. Mon kit se trouve à l'intérieur : des mouchoirs en papier, des compresses antiseptiques et un rouleau de gaze. Et en dessous, mon couteau. Je nettoie la lame avec une compresse antiseptique, soulève ma jupe et presse le couteau contre ma cuisse pour faire passer ma souffrance. J'ai besoin que cet apaisement m'envahisse. C'est mon unique manière de m'en sortir. Au début, je ne sens que la douleur, puis le soulagement et l'euphorie l'emportent, balayant la haine que je porte en moi. C'est la seule solution que j'ai trouvée pour l'expulser ; grâce à cela, je reste en vie.

Le sang qui coule sur ma jambe charrie les peurs, les pressions, les mots blessants et toute l'horreur de mon enfance. Je les sens s'écouler à travers la coupure. Cette action physique me procure un soulagement mental. Plus le sang coule, plus je me libère des démons qui vivent en moi. Et plus je me sens armée pour affronter le reste de la journée.

Quand l'euphorie retombe, je reviens à moi. Je comprime la blessure et essuie ma cuisse. Pas de trace de mon secret. Je m'allonge un moment sur mon lit à regarder George Michael et Andrew Ridgeley en rêvant à leur vie parfaite. Je ne suis pas jalouse, puisque je suis amoureuse d'eux, surtout de George.

Je crie un grand « Wham ! » avant de me lever, doucement. Je range ma boîte magique au fond de mon tiroir, sous leurs yeux. Je leur souris, prête à descendre et à affronter le reste de la journée.

Rassemblement, 1987

Apparemment, je suis devenue une « fugueuse chronique », d'après mon assistante sociale. Ils ne comprennent pas pourquoi je m'enfuis, mais moi si : je ne supporte plus d'être dans ce foyer avec la sorcière. Elle me déteste, mais peu importe parce que je la déteste, moi aussi.

Tous les adultes de l'ancienne équipe sont partis et on nous a dit qu'ils ne reviendront pas. On ne nous a pas dit pourquoi. Mon univers a été chamboulé et, en ce moment, il ressemble à une énorme pile de linge à trier. Betty essaie de me parler, mais finit toujours par me crier dessus et me dire qu'elle ne me comprend pas. Elle s'inquiète de ce que je fais quand je fugue. Elle sait que je vais à West End parce que je reviens toujours au foyer dans un taxi noir – qu'elle paie à chaque fois.

J'adore ce quartier de Londres. Parfois, je marche jusqu'au petit matin ; j'ai l'esprit tellement saturé qu'il me faut toute la nuit pour évacuer. D'autres fois, je rentre au foyer.

Je prends le bus pour aller en ville et, à chaque arrêt, mon excitation grandit. Les lumières de Piccadilly m'accueillent quand je descends près de la statue d'Éros, le dieu de l'Amour toujours souriant, qui ne m'a pas encore trouvée. Il ne me faut pas longtemps pour traverser Leicester Square et passer devant le cinéma où papa et maman se sont rencontrés. Chinatown me tend ensuite les bras, avec ses portes rouge et or et l'odeur du canard aux épices qui chatouille les narines.

C'est génial, ici.

J'ai hâte d'arriver à Trafalgar Square. C'est là que je me rends à chaque fois que je vais en ville. J'y retrouve mes amis du rassemblement pour Nelson Mandela. Ils étaient déjà là jour et nuit avant même que j'arrive au foyer. Ça fait un bon bout de temps. Comme ils me laissent leur donner un coup de main, j'ai l'impression de faire partie de leur groupe. Ils se battent pour quelque chose en quoi ils croient, ça doit être bien.

Aujourd'hui, pourtant, c'est un peu différent. Au début, tout va bien. Les « Salut, Hope, comment tu vas ? » ou « La forme, Hope ? » habituels.

Et puis soudain, quelque chose change.

« Putain, Hope, c'est quoi, ça ? »

Il me serre le poignet et le brandit devant moi.

« Aïe, tu me fais mal ! Arrête !

— Hope, c'est quoi ? »

Je me sens mal à l'aise alors que d'habitude l'atmosphère est joviale. Les militants me regardent d'un air méfiant. Qu'est-ce que j'ai fait ? Qu'est-ce qui se passe ?

Il pointe du doigt ma main, sur laquelle une fille de l'école a dessiné un signe. Je ne sais pas ce que ça veut dire. Je bafouille, les larmes me montent aux yeux.

« Quoi ?

— Hope… ça ! »

Il me montre le dessin.

« Quoi ?

— Tu sais vraiment pas ce que c'est ?

— Mais non ! »

J'ai la voix de plus en plus frêle. Je tremble. Nelson me regarde du haut de sa colonne. Les pigeons sont en train de se répandre sur son chapeau et je vois très bien ce qu'il peut ressentir.

Le militant me lâche le poignet.

« OK, Hope, si tu effaces ça, tu peux rester avec nous. »

Je cours au milieu de la place me laver la main à la fontaine. Je frotte et frotte encore jusqu'à ce qu'il ne reste plus rien du signe que je ne connais pas : pour moi, c'étaient juste deux lignes droites entrecroisées, courbées dans des sens différents à chaque bout. Je rejoins d'un pas lent le groupe qui a élu domicile sous la statue de Nelson, et qui se bat pour un autre Nelson. Quel qu'il soit, ce symbole a failli me faire perdre mes amis. Une raison suffisante pour que je décide de le détester.

Ces gens sont restés pendant des années devant l'ambassade d'Afrique du Sud ; pendant des années, ils ont incarné un symbole d'espoir pour une Afrique du Sud libre. Hormis cet incident, ils ne m'ont toujours témoigné que de la gentillesse. Ils gardaient un œil sur moi quand je traînais sur la place, à récolter parfois un peu d'argent pour leur cause.

J'ai réalisé par la suite ce que pouvait représenter une croix gammée sur la main d'une adolescente blanche à un rassemblement pour Nelson Mandela. Je suis fière que les militants n'aient pas dérogé à leurs principes et m'aient demandé d'aller l'effacer. Des années après, quand j'ai raconté cette histoire à l'un des accompagnateurs sociaux, il a soupiré.

« Et c'est tout, Hope ? Si seulement on avait su où tu étais, à l'époque… On ne se serait pas autant inquiétés pour toi, à imaginer que tu marchais dans les pas de ta mère ! »

Je ne sais pas ce qui m'a le plus choquée : qu'ils aient cru que je prenais le chemin de ma mère ou qu'ils se soient inquiétés pour moi.

Escapade, 1987

J'arrive avec Debbie devant chez mes parents. On s'est échappées de Chesterfields toutes les deux, cette fois. On s'ennuie, et on n'a pas trouvé d'aérosols, alors je me suis dit que papa et maman nous donneraient de l'alcool. Je n'aime pas vraiment aller là-bas, mais ils me manquent, surtout mon père. Parfois, je ne sais plus trop où j'en suis ; j'ai vraiment très envie de les voir, et pourtant ils n'ont jamais trop voulu de moi et ils me font des trucs tellement dégueulasses que je me sens mal. Debbie dit que c'est humiliant, mais elle s'y connaît mieux que moi en matière d'humiliation, parce qu'elle est un peu plus vieille et très jolie. Elle m'explique que c'est quand des adultes font des trucs à cause desquels tu te sens vraiment mal. Debbie a vécu des moments difficiles, mais pas du tout comme moi.

Elle a été placée définitivement quand ses parents sont partis en prison parce que personne d'autre ne pouvait s'occuper d'elle – même si eux ne s'en occupaient pas vraiment non plus. Debbie n'est pas rentrée chez elle quand sa mère est sortie de prison, elle est passée par des tas de foyers. Elle m'a dit que dans les foyers de Hackney où elle a vécu les animateurs sociaux font des trucs horribles, comme tripoter les filles plus âgées et même les garçons. J'ai remarqué que toutes les filles qui viennent d'autres foyers racontent la même chose. Elles disent que dans la plupart des foyers, c'est la norme. Elles aiment bien Chesterfields, parce que c'est différent.

Putain, heureusement que j'ai pas connu ça…

Quoi qu'il en soit, ça ne nous empêche pas de nous échapper ; dès qu'il se passe quelque chose qu'on trouve dingue, on s'en va. On est d'abord allées chez sa mère, mais elle n'a pas voulu qu'on reste. Elle dit que ce serait mal vu par les services sociaux, alors qu'elle se bat dans les tribunaux pour récupérer la garde de Debbie. Mais Debbie, elle, elle dit que sa mère est juste une grosse égoïste et qu'à tous les coups elle a prévu de voir son petit copain. Et que, de toute façon, on se serait ennuyées. Alors on n'a pas insisté. J'ai proposé qu'on aille chez mes parents, qui nous permettraient sûrement de rester vu qu'ils n'en ont rien à faire des services sociaux ni de leurs enfants. Mais maintenant qu'on est là, je suis moins sûre de moi.

Comme d'habitude, la porte est ouverte, alors on entre. Mes parents sont dans la cuisine, déjà soûls, avec un type que je n'ai encore jamais vu. Papa nous le présente en tant que « Juge » et part chercher quelques bouteilles au magasin.

«Le ravitaillement arrive! Et gratuit, bien sûr!» plaisante-t-il.

La pièce commence à tourner. J'ai l'habitude de boire, mais aujourd'hui je me sens un peu faible. Je crois qu'on n'a pas mangé de la journée. Quand je vois Juge se rapprocher de ma mère, je comprends qu'il est temps qu'on s'en aille.

«OK, on va y aller. C'est pas tout ça, mais j'ai école demain.»

Ça les fait rire. En partant, je vois Juge poser sa sale patte sur le chemisier de ma mère. Mon père nous raccompagne à la porte.

«Hein? Quoi? Où on est? T'es là, Debbie?»

Elle est partie Dieu sait où. Je suis sur la plateforme supérieure d'un bus, et le chauffeur se tient juste au-dessus de moi.

«Dégage, sale pervers!

— Du calme, je fais rien de mal! T'as vomi dans mon bus avant de t'endormir, espèce de garnement.»

Je regarde autour de moi: tout est couvert d'une vase jaunâtre. J'ai un goût de whisky dans la bouche, ma gorge me brûle. Tout mon corps est en vrac. Je suis prise d'un haut-le-cœur et je vomis à nouveau dans le bus chéri du chauffeur que j'évite de peu.

La police arrive.

Fais de l'humour.

«Oh, quelle bonne surprise, monsieur l'agent…

— Comment t'appelles-tu, mon petit?

— Mon petit. Je m'appelle mon petit. Et je salue la putain d'intelligence des représentants de la loi.» Main en l'air, façon salut militaire.

Ah ah, je suis tellement drôle !

« C'est très bien, mais dis-moi comment tu t'appelles et où tu habites.

— Mon nom, c'est mes oignons, mais je veux bien vous révéler à vous, dignes représentants de la loi, que j'habite dans ce magnifique district de Camden.

Hi hi, quel talent, ils vont adorer.

Ils n'aiment pas du tout.

« On n'est pas à Camden, jeune fille.

— Aaah… et on est où ? »

Je pointe un doigt vers le policier et trace un cercle dans l'air. Tout mon corps suit le mouvement dans un vertige. Je pouffe de rire. C'est rigolo.

« À Peckham.

— Quoi ? Où ça ? Comment ça se fait ? Merde ! »

On ne rigole plus, tout à coup, hein, Hope ?

Plus je jure, plus ils s'énervent ; moins je leur réponds, plus ils s'énervent ; plus j'ai l'impression d'être drôle – *vraiment, quel talent.*

Quoi que je fasse, moins ils me trouvent drôle et plus j'ai l'impression de l'être, jusqu'à ce qu'une pensée me traverse l'esprit :

Je suis peut-être bourrée, hi hi… mais enfin… Je suis à Peckham, comment ça se fait, bordel ? Impossible de me souvenir. Reprends-toi, Hope. Réfléchis un peu.

Je finis par leur répondre :

« Je m'appelle Hope et je vis au foyer pour enfants de Chesterfields, au nord de Londres.

— Très bien. Très bien, Hope. »

La voix du policier est sympathique. Il a l'air soulagé.

« Tu ne pouvais pas le dire tout de suite ?

— Ben je pensais qu'on était à Camden… » Je marque une pause et lui souris. « Je savais pas que j'aurais besoin de vous pour me ramener, monsieur l'agent. Hic!»

Grillée, 1987

«Hope, c'est quoi, ça?

— J'sais pas, une trace de déo sur une serviette.

— Hope, tu sniffes du déodorant?

— Mais non, Betty, qu'est-ce que tu racontes? Je ferais jamais un truc pareil…

— Il faut que tu arrêtes, Hope. Ça va te détruire le cerveau. Si ça continue, on devra t'envoyer dans un autre foyer.»

Mais ça me fait du bien. Ça m'aide à oublier que je me déteste. Et toi, tu veux te débarrasser de moi, vieille sorcière.

Notes prises par Hope en 1993, d'après les dossiers des services sociaux

Extrait de rapport de police, 23 octobre 1987

À 1 h 30 du matin, la police s'est présentée au foyer - accueillie par un responsable.

— Apparemment, Hope Daniels et une autre fille, Debbie Smith, se sont enfermées dans une pièce.

— Ont appelé leurs petits copains en Islande et ont fait des dégâts dans la pièce : cadre et pots de fleurs cassés, prise de téléphone arrachée du mur.

— Toutes les deux arrêtées.

— Un autre accompagnateur social est venu au poste de police et a retiré l'allégation.

— Daniels et Smith sont retournées au foyer sous la responsabilité des accompagnateurs sociaux.

Chez Erica, 1987

Depuis l'incident au foyer, la mère d'Erica est vraiment gentille avec moi. Elle me laisse venir plus souvent chez elle après les cours, et j'ai même le droit de dormir là-bas. L'assistante sociale a dû demander au juge, qui a accepté. Je vais passer Noël avec elles. D'un côté, c'est vraiment génial, mais de l'autre, c'est vraiment embêtant. Après la pagaille qu'on a mise au bureau, où on a lu le journal de bord et appelé Garry en Islande (il était en voyage scolaire), on m'a supprimé mon argent de poche. Du coup, je n'ai pas d'argent pour les cadeaux. Je n'ai pas envie de voler : ce n'est pas pareil, et la mère d'Erica risquerait de ne plus vouloir me revoir.

Trop risqué… Ça y est, je sais ! J'ai un super plan !

Je bondis partout tellement je suis heureuse d'avoir trouvé une solution au problème qui me taraude depuis des jours.

Je suis un génie !

Betty lève un sourcil étonné en lisant ma liste de Noël :

« Tu es sûre que tu veux un Meccano et un livre sur les volcans, Hope ? »

Je hoche la tête avec assurance, en espérant que mon stratagème ne sera pas découvert. C'est très important pour moi.

Dans les jours qui nous séparent de Noël, je sens monter la pression dans ma tête. Et si je me fais prendre ?

Volume sonore habituel d'un matin de Noël. Pendant que les autres déchirent l'emballage de leurs paquets cadeaux, je décolle soigneusement les bouts de scotch.

Ne déchire pas le papier, attention.

Une fois tous mes cadeaux déballés, je n'ai pas à simuler ma satisfaction. Je ramasse tout et cours dans ma chambre refaire les paquets. Le scotch ne colle plus autant, mais ça ira.

J'ai mes cadeaux!

Erica et sa famille aiment beaucoup ce que je leur ai offert: Roger, son livre sur les volcans, et Steve, son Meccano. Je me sens comme chez moi. Je vais voir la mère d'Erica dans la cuisine, où elle prépare la dinde, et la serre entre mes bras.

«Merci pour tout ce que vous faites pour moi.

— C'est rien, ma puce, tu sais qu'on aime bien t'avoir avec nous. Tu es une fille bien, Hope. Tu as juste eu quelques moments difficiles. Mais rien de si insurmontable, n'est-ce pas!

— C'est le plus beau jour de ma vie.

— Tu en auras bien d'autres, chérie. Et maintenant, arrête de m'embêter: j'ai encore du travail!»

Le meilleur moment de cette journée, ce n'est pas quand Roger m'a offert le même cadeau qu'à Erica – un Walkman –, même si c'était déjà formidable. Le meilleur moment de la journée, de la semaine, de l'année, c'est quand il m'a appelée sa sœur en m'ébouriffant les cheveux.

Je me rappelle avoir écouté Bros avec mon nouveau Walkman, avec le sentiment de faire enfin partie d'une vraie famille – comme si je planais au-dessus des nuages. Et pour ce sentiment, je leur serai éternellement reconnaissante.

31 décembre 1987

« J'ai mal au crâne…

— Moi aussi…, répond Erica.

— Ça allait, ta mère, hier soir, non ?

— Ouais. Oh purée, on était tellement soûles ! Je pensais qu'elle se serait mise en rogne… On va où, ce soir, Hope ?

— À Trafalgar Square. Mes potes ont une voiture. »

On descend. La mère d'Erica nous a préparé un énorme petit-déjeuner avec des œufs et tout un tas de choses qui nous retournent l'estomac.

« Comment ça va, les filles ?

— Ça va, merci.

— Hum… Vous avez prévu quelque chose, ce soir ?

— On va à Trafalgar Square. Mes copains ont une voiture. Ils nous emmènent avec eux et on va faire la fê-ê-te ! »

La mère d'Erica marque une pause. S'assoit avec nous.

« Les filles, je préférerais que vous restiez à la maison ce soir. Je ne suis pas tranquille de vous laisser boire et sortir à votre âge. Je m'inquiète vraiment pour vous quand vous sortez. Trafalgar Square, c'est un endroit dangereux pour des jeunes filles. Je préférerais vous savoir ici. »

Quelqu'un me traite en adulte, me demande de ne pas sortir, de rester en sécurité avec elle. Je regarde Erica. Elle me rend mon regard. On décide sans plus en débattre de passer le réveillon à la maison.

Le soir, on regarde Trafalgar Square à la télévision. On rigole. On boit du Fanta. On est bien. On évoque la possibilité qu'ils déposent un dossier pour devenir famille d'accueil. Pour devenir officiellement ma famille.

16

Vapeurs de bière

Fugue, 1988

Betty prétend que je ne pourrai pas vivre chez Erica parce que sa mère est célibataire, et qu'ils n'ont reçu aucune réponse correcte à l'annonce. Pourtant, l'assistante sociale qui s'occupe de mon placement m'a dit que beaucoup de gens ont répondu. Je suis allongée sur mon lit à contempler le plafond.

Menteuse… Menteuse, Betty. Ou alors l'assistante sociale me dit ce que je veux entendre. C'est peut-être elle qui ment. On ne peut pas faire confiance aux adultes.

Je ressens le besoin de m'enfuir.

« Merde. »

Oh non… Oh non… Il me suit encore ? Ils me regardent ? Oui. Éloigne-toi. Tranquillement. J'ai pas peur, non. Si. Si. Il puait, ce type. Pourquoi ils voulaient que je l'embrasse ? Ils pensent que je suis comme ma mère. Tiens-toi droite. J'arrive pas à respirer. Ne pleure pas.

Des pas. Derrière moi. Merde. Le type. Je me retourne et y mets toute mon énergie :

« DÉGAGE, CONNARD ! »

Bruit sourd. Je me retrouve face contre terre.

Ne bouge pas, Hope, ne bouge pas.

Les pas s'éloignent.

Je suis étalée par terre, dans la poussière, incapable de respirer. J'entends les voitures qui longent le parc, du côté de Camden Road. Je me relève et pars en courant ; le sang pulse dans mon visage.

Ils pensent que je suis comme ma mère. Je suis comme elle, pour me mettre dans des situations pareilles. Pourquoi il voulait m'embrasser ? Vieux dégueulasse.

Je cours. Je cours. Je m'arrête seulement quand je suis certaine d'être loin des types qui se prétendaient mes amis. Ils ne m'aimaient pas vraiment, en fait. Personne ne m'aime. Ils m'acceptent parmi eux seulement parce que je suis comme ma mère. Pourquoi il voulait m'embrasser ? Je ne l'aime pas. Il est vieux. Il pue. Je suis prise de spasmes incontrôlables. Il faut que je vomisse. Je me penche par-dessus un mur et vomis dans un jardin. Sympa pour eux, comme cadeau du matin. Les haut-le-cœur continuent jusqu'à ce que je me vide entièrement. Mon corps arrête de se battre et je réalise que je suis seule. Exténuée, je me retourne et m'assois sur le mur, les jambes pendues, à jeter des regards froids aux passants.

Je ne me rappelle pas où j'étais ni ce que j'ai fait. La bière commence à me retourner l'estomac. Je suis dans un magasin, sur le point de subtiliser quelques nouvelles canettes et des aérosols. En voyant la date des journaux, je me rends compte que ça fait quatre jours que je suis partie du foyer.

Oh merde! On est le 12 mars! Mais qu'est-ce que j'ai fait pendant quatre jours? Merde!

Ça y est, je sais: j'étais dans l'appartement d'un type.

J'ai vraiment fait ça? Oh merde...

Je prends les canettes et sors sans payer.

Est-ce que la police est venue chez ce type? Tout est flou... Je revois des hommes qui entrent et qui sortent en me disant que tout va bien. Qui me donnent des cachets.

J'ai appelé Erica qui doit venir me chercher dans la matinée. Je suis dans le parc de Hampstead Heath. J'ai vraiment peur, maintenant.

Je gèle, sur ce banc. Où est-ce que je suis? Ah oui... Dans le parc. Putain, il fait noir. J'ai envie de dormir...

Je me réveille allongée par terre, le visage humide. Pas seulement à cause de la rosée: j'ai la peau poisseuse et les cheveux emmêlés. Je ramène une mèche pour la sentir.

Oh non, putain, c'est pas vrai...

Je me frotte les cheveux pour essayer d'enlever le vomi, puis me lève.

Où je suis? Il faut que je rentre à Chesterfields. Oups, attention...

Je trébuche et tombe la tête la première dans un buisson.

Je suis sur un banc, près des courts de tennis de Hampstead Heath. Quelqu'un vient de me réveiller.

Erica?

Non, c'est pas elle. C'est un vieux, plus vieux que mon père. Il a un chien. Le jour n'est toujours pas levé.

« Qu'est-ce que tu fais là ? Tu devrais venir chez moi, tu seras en sécurité.

— Non, ça va, je… euh… Je viendrai si votre femme est d'accord.

— OK, OK. »

Il s'en va.

Waouh. Flippant, ce vieux con. Va te faire voir.

Le revoilà. À nouveau, il me secoue pour me réveiller. Je suis tellement à l'ouest que je le vois dédoublé : deux vieux cons me parlent en même temps.

« Je t'emmène chez moi, ma femme est d'accord. »

Il me tend la main.

Merde, qu'est-ce que je dois faire ? Maman, j'ai peur, qu'est-ce que je dois faire ? Erica va venir me chercher, mais pas avant quelques heures. Il fait encore très noir, et je suis bourrée. Qu'est-ce que je dois faire ?

Je me gratte la tête. Il y a une drôle de lueur dans ses yeux.

Va-t'en, Hope, cours !

Et c'est ce que je fais, me cognant dans tout ce que je croise, tombant par terre.

Ne regarde pas derrière toi, sors de ce parc. Qu'est-ce qu'un vieux type pareil fait là à cette heure de la nuit ? Merde !

Je n'arrête pas de me cogner contre les murs en remontant Highgate West Hill pour rejoindre l'endroit où j'ai le plus envie de me trouver en ce moment : le foyer. J'ai froid. Je suis bourrée.

Je vais m'améliorer. Je le jure. J'ai plus envie d'avoir peur. S'il vous plaît, aidez-moi.

Des images défilent dans mon esprit : ma couette Charlotte aux Fraises, des éclats de rire, de la nourriture, des câlins et du chocolat chaud ; un endroit sûr, où je peux faire confiance aux adultes ; des gens qui me considèrent comme leur sœur. À travers les brumes de mes délires alcoolisés, j'entrevois pour la première fois ce que certains s'efforcent de m'apporter et une pensée me vient :

J'ai beaucoup de chance.

Enfin j'arrive au foyer. Betty est là. Elle a l'air vraiment triste, et angoissée. Je suis gênée parce qu'elle me prend dans ses bras, alors que je pue.

« Hope, on s'est tellement inquiétés… Ça fait des jours que la police te cherche !

— Ah bon, mais tout le monde s'en fiche, non ?

— Arrête, Hope. Ça suffit. Assez. Je ne sais vraiment plus quoi faire, avec toi. Va prendre une douche. Ensuite, il faudra qu'on parle. Je vais prévenir ton assistante sociale qu'on t'a retrouvée. Bon sang, Hope… J'ai bien peur qu'on ne puisse plus rien pour toi. »

Midrange Lodge, 1988

Ma nouvelle assistante sociale, Martha, m'a emmenée déjeuner au McDonald's !

Génial. Je devrais peut-être lui parler de mon besoin de boire et de fuguer. J'ai envie de reprendre le contrôle. Peut-être qu'elle peut m'aider.

Juste quelques bouchées de Big Mac, et après je lui dirai que j'en ai marre de fuguer.

Mais Martha parle la première :

« Hope, tu ne retourneras pas à Chesterfields ce soir, ni demain. » Elle marque une pause et me regarde, la tête un peu basse. Comme je ne réponds pas, elle continue d'une voix nerveuse. « Je vais t'emmener dans un endroit où ils vont essayer de t'aider à comprendre pourquoi tu es si malheureuse. J'ai préparé quelques-unes de tes affaires – des vêtements, des livres. Elles sont dans la voiture. C'est un endroit qui pourra t'aider, Hope. »

Tant de pensées se bousculent dans ma tête que j'en reste sans voix.

Quoi ? Mais personne ne m'a prévenue ! Je n'ai même pas pu dire au revoir à mes frères. Ils ne veulent plus de moi, à Chesterfields ? Alors ça recommence... Personne ne veut jamais de moi. Ils en ont marre de moi et tu m'annonces ça dans un endroit public, pour que j'en fasse pas tout un foin. Mais c'est quoi, ces gens ? C'est pas juste. Sois forte, Hope, sois forte. Ne leur dis rien. Ne fais confiance à personne. Salauds. Salauds.

Je regarde Martha. Je vois bien qu'elle attend que je fasse une scène. Mais non, je prends un air impassible et je continue de manger mon Big Mac.

Le nom de « Midrange Lodge » trône sur le portail. Un bâtiment terne, qui mériterait un coup de peinture. Tout autour, de hautes barrières de barbelés. Une grande porte grise.

On dirait une prison. C'est horrible ! Horrible !

« C'est quoi, cet endroit ? » Martha ignore ma question. Je recommence d'une voix plus forte, mais sans affect : « Martha, tu dois me dire ce qui se passe, c'est ma vie. Dis-moi ! »

Elle ne répond toujours pas, mais son visage se décompose et elle me regarde d'un air triste.

Est-ce que c'est une larme, au coin de son œil ? Est-ce qu'elle est émue ? Est-ce qu'on me tend un piège ? Qu'est-ce qui se passe ?

On dirait que la porte est fermée de l'intérieur. La personne qui nous ouvre referme derrière nous. À chaque fois que l'on passe une porte, et il y en a trois, elle l'ouvre avec une clé de son trousseau, qui pend à une chaîne. Et elle referme la porte derrière nous.

Je suis enfermée ! Putain, ils sont en train de m'enfermer !

« Pourquoi est-ce que vous m'enfermez ? »

Le silence pour toute réponse.

« Putain, pourquoi vous m'enfermez ? »

Rien. Silence et portes fermées.

Je me sens piégée, captive, et tout à coup je ressens le besoin irrépressible de réagir, de m'échapper, de reprendre le contrôle de ma vie.

Comment osez-vous m'enfermer ? Je n'ai rien fait de mal ! J'ai treize ans !

« Mais putain, qu'est-ce que vous faites ? » Je me débats, je crie, je donne des coups de poing dans les portes. Hystérique. Je sais que c'est moi, mais j'ai l'impression que c'est quelqu'un d'autre. Que ça arrive à quelqu'un d'autre. Mais pourtant non, c'est à moi que ça arrive.

« Martha, s'il te plaît, tu peux y aller, on s'en occupe.

— Mais non ! Non ! Martha, reste ! J'vous connais pas, vous êtes qui, putain ? Pourquoi vous m'enfermez ? »

Ils ont sorti les entraves avant même que je m'en aperçoive, et alors que Martha est toujours dans la pièce. Elle est blême, comme si elle avait reçu un coup dans le ventre, devant mon visage rougi et baigné de larmes. Je suis tellement hors de moi que je les entends à peine me dire : « Calme-toi, on ne pourra pas se parler tant que tu seras dans cet état… Calme-toi. »

Mais ils ne me disent toujours pas pourquoi je suis là. La porte se referme derrière moi. Je tourne comme un lion en cage, cognant contre les murs, espérant que quelqu'un me sauve. Il y a une trappe sur la porte, qui s'ouvre de l'extérieur.

« Si tu veux sortir de là, il faut que tu te calmes. » J'entends soupirer quand la trappe se referme. « Le mieux pour elle, c'est l'isolement. »

Je me retourne. Toute la pièce est capitonnée : le sol, le plafond, les murs. Elle est vide, à part quelques poufs.

Qu'est-ce qui se passe ? Qu'est-ce qu'ils me font ? Pourquoi est-ce que personne ne m'explique ? Pourquoi est-ce que personne ne me parle ?

Je m'affale dans un pouf, épuisée d'avoir résisté et hurlé, et je pleure.

Quelqu'un actionne une clé et la porte s'ouvre. Je dois être écarlate, mais je m'en fiche. Je suis tellement fatiguée que je ne peux que rester calme. On me mène à travers d'interminables couloirs jaunes, ponctués de portes fermées à clé, jusqu'à ce qu'ils appellent une « unité », au dernier étage du bâtiment.

Ils me laissent là, dans ce qui ressemble à une salle de jeux, avec d'autres filles, beaucoup plus âgées, et qui ont l'air de s'ennuyer. Ils ne me présentent pas aux filles. Rien à voir avec Chesterfields ; c'est vraiment bizarre, ici.

Dès que le personnel est parti, les autres filles fondent sur moi.

« Pourquoi t'es là ? »

Je suis bien incapable de leur répondre, puisque je ne le sais pas moi-même.

« Quoi… Tu sais même pas ? Tu viens d'où ?

— Chesterfields. »

Tout de suite, la fille qui se tient au-dessus de moi me demande :

« Tu connais une fille qui s'appelle Debbie ? Elle vit là-bas. »

Cinq filles m'entourent, maintenant, avec des regards de tueuses. Je préfère faire profil bas.

Du calme, Hope, pas la peine de les énerver.

« Ouais, je la connais. »

Merde.

Celle qui m'a posé la question se jette brusquement sur moi, encouragée par les autres filles. Une alarme se déclenche – juste au moment où elle s'apprêtait à me frapper avec un « Sale pute, tu lui donneras ça de ma part ! » –, quelqu'un se précipite dans la pièce, lui saisit le bras et m'emmène à l'écart. Les autres filles se tapent dessus, pour une raison qui m'échappe. C'est le chaos absolu. On me ramène dans la pièce capitonnée, sans plus d'explication.

Putain, tu parles d'un début…

* *
*

Dehors, il fait nuit. Il y a une heure environ, on m'a montré ma chambre et donné un pyjama et une brosse à dents.

« Où est mon sac ? Martha m'avait préparé un sac…

— Non, Hope, on ne nous a pas donné de sac. Tu es arrivée telle que tu es. »

La pièce est étroite et profonde. Grise. On dirait une salle d'hôpital, si ce n'est que la porte ferme à clé. Mais comme je ne l'ai pas fermée, une fille entre dans ma chambre. Ce n'est pas l'une de celles qui se sont battues tout à l'heure : elle avait eu une permission de sortie pour la journée. Elle s'appelle Abby, et elle a le crâne rasé.

« Comment ça se fait que tu aies pu sortir ?

— Je partage un pétard avec toi si tu me parles de Debbie.

— Qu'est-ce que tu veux savoir ?

— Elle sort avec qui ?

— Un type qui s'appelle Mark.

— La fille qui t'a sauté dessus tout à l'heure, elle aussi, elle sort avec ce Mark. C'est pour ça qu'elle s'est excitée contre toi. Petit conseil numéro un : tu dis rien à personne, OK ?

— OK.

— Bon… Si tu veux savoir comment te débrouiller, tu restes avec moi. Et puis qu'est-ce que tu fiches là, d'abord ? T'as quoi : douze, treize ans ?

— Treize.

— Putain, ils font la sortie des écoles, maintenant.

— T'as quel âge ?

— Seize ans, bientôt dix-sept. Comme la plupart des filles qui sont là.

— Oh… »

Ce soir-là, je n'arrive pas à m'endormir.

Je ne sais pas quoi faire. Les autres filles me fichent vraiment la trouille. Mais comment ils peuvent m'enfermer comme ça ? Qu'est-ce qui se passe, bordel ?

Le lendemain matin, toutes les portes sont déverrouillées en même temps et on me conduit jusqu'à la salle à manger. Les autres filles me regardent passer d'un œil torve, en grinçant des dents. L'atmosphère est tendue. Elles vont m'agresser… Attention, Hope, reste sur tes gardes. Je regarde le personnel : tout le monde s'en fiche, ils continuent de vaquer à leurs occupations comme si de rien n'était.

Je vous déteste tous autant que vous êtes. Je vous déteste, je vous déteste ! Il faut que je me tire d'ici. Tout ce qu'ils m'ont dit, c'est qu'ils vont faire une évaluation dans un mois. Mais une évaluation de quoi ?

En retournant vers ma chambre, je remarque une alarme incendie dans le couloir. Pour la première fois depuis des jours, je souris. Ah ah… Ça m'est déjà arrivé plusieurs fois de déclencher des alarmes incendie pour m'amuser, à l'école et à Chesterfields.

Si l'alarme sonne, tout le monde sera obligé de sortir.

Pendant tout le reste de la journée, je réfléchis au meilleur moment pour agir. L'heure du dîner me paraît la plus appropriée : le personnel sera trop occupé pour se demander pourquoi l'alarme s'est déclenchée.

Je sors de ma chambre, m'engage dans le couloir, fixe le boîtier et fracasse la vitre.

L'alarme retentit dans tout le bâtiment, le personnel court dans tous les sens en criant : « Tout le monde au rez-de-chaussée ! Allez ! »

Je tremble sous l'effet de l'adrénaline et de la peur. Je dois me tenir les mains pour qu'elles ne me trahissent pas.

C'est le moment, je me barre.

Ils ont ouvert toutes les portes. On nous emmène dehors et dès que je sens le soleil du soir me caresser le visage, je savoure ma liberté.

Je cours aussi vite que je peux dans Ostrich Road. Mon cœur bat comme jamais, j'ai l'impression qu'il va éclater.

Pourvu que je ne fasse pas une attaque !

Je repère une cabine téléphonique depuis laquelle j'appelle Phillip.

« Phillip, je suis sur Ostrich Road, tout en bas. Derrière le McDo. Viens tout de suite, Phillip, c'est urgent... D'accord, merci, à tout de suite. Je t'attends. Oui, derrière le McDo. Phillip, dis rien à personne. »

Phillip me raccompagne à Chesterfields où Harold et Jack me cachent au sous-sol. La première fois qu'ils m'apportent à manger, des membres du personnel les accompagnent.

« Je déteste Midrange Lodge. Je suis martyrisée, là-bas. Je voudrais revenir à Chesterfields. Je serai sage, promis. Je ne m'enfuirai plus. Je veux rester ici. »

J'ai l'impression qu'on m'arrache le cœur. C'est dans ce foyer que je veux vivre. Chesterfields, c'est chez moi. Pourquoi est-ce qu'ils me mettent à la porte ?

« Tu dois y retourner, Hope, c'est une décision du juge. On va t'emmener, et on veillera à ce que tout se passe bien. »

Je baisse la tête.

Réfléchis bien...

« OK, si j'ai pas le choix... Il faut juste que j'aille aux toilettes, d'abord. » Dès que j'ai quitté la pièce, je me précipite vers la sortie et saute dans le premier bus qui m'emmènera vers la liberté. Je n'ai pas d'argent, mais je sais comment éviter le chauffeur – je joue à ce petit jeu depuis des années.

Je déambule dans West End en ruminant ma haine des autres et de moi-même.

Qu'ils aillent tous se faire foutre ! Je m'en tape !

Et je me fichais bien, vraiment, de ce qui pouvait m'arriver.

Me voilà de retour à Chesterfields, dans la cuisine, morte de faim. J'ai fugué pendant quatre jours. Il ne me restait plus personne chez qui dormir, et j'ai échappé de peu à mon assistante sociale qui attendait à la sortie du collège quand je suis allée retrouver Erica. C'est elle qui m'a dit que je devrais rentrer au foyer.

Tout en mangeant, je contemple le sandwich fromage-cornichons qu'ils m'ont préparé pour mieux en savourer le goût, quand la police entre soudain dans la cuisine.

Je ne peux pas m'empêcher de m'exclamer, la bouche pleine : « Merde ! » Je finis tant bien que mal ma bouchée avant de me lâcher :

« Pourquoi vous avez appelé les flics ? J'veux pas retourner là-bas ! Je vous déteste… Je veux rester ici ! J'ai pas envie d'être enfermée là-bas, j'ai treize ans et toutes les autres filles en ont seize ! Pourquoi je peux pas rester ici ? Je vous déteste ! »

Comme toujours, les policiers se montrent très gentils envers moi. Ils m'emmènent au poste, mais ne me bouclent pas. L'endroit ressemble un peu au poste de police de Stoke Newington : même couleur, mêmes affiches au mur. Ils me font asseoir dans la pièce où ils résolvent tous les crimes. Je suis contente qu'ils ne m'aient pas mise en cellule. Il y a cette femme policier qui me parle comme à une adulte ; je l'ai déjà vue, mais on ne s'était jamais parlé.

Je ne sais pas pourquoi, elle m'inspire confiance et je lui raconte tout sur Midrange Lodge. Ils décident d'appeler les responsables pour une confrontation.

Oh non, ils ne me croient pas...

Mais en fait, si. Le chef de la policière, l'inspecteur, leur passe un savon pour n'avoir pas su assurer ma sécurité. Je glousse. Il fronce les sourcils en me disant «chut». Je me redresse en souriant.

Il leur annonce ensuite que la policière et lui vont me raccompagner et jeter un œil à Midrange Lodge. En entendant cela, malgré le sourire qu'il me lance, je fonds en larmes. Les policiers essaient de me consoler, mais derrière leurs sourires de façade, je vois bien qu'ils sont dépités.

Là-bas, un homme corpulent au visage bienveillant nous accueille et nous reçoit dans son bureau.

«Hope, me dit-il d'une voix ferme, nous sommes vraiment désolés pour ce qui s'est passé. J'ai parlé à tout le monde, ça ne se reproduira plus.» Je lui jette mon regard le plus noir, incapable de parler.

Je ne te crois pas, homme sans nom. Pourquoi tu ne m'as pas dit comment tu t'appelles? Parce que tu mens?

Je me tourne vers l'inspecteur: «S'il vous plaît, ne me laissez pas ici. Ramenez-moi à Chesterfields, s'il vous plaît. J'ai rien à faire ici, je suis trop jeune...»

La policière me répond gentiment: «Tu ne peux pas y retourner, Hope, le juge a décidé que tu devais rester là.»

Mais j'entends autre chose à travers ses mots. J'entends: «Tu ne peux pas y retourner parce qu'ils ne veulent plus de toi.»

C'est tellement évident dans mon esprit.

Les policiers s'en vont et on m'emmène à l'étage, où je patiente pendant une heure, assise. J'en ai marre. Et puis je me dis:

Fait chier.

Je cours dans le couloir et déclenche à nouveau l'alarme en m'en donnant à cœur joie. Cette fois, le personnel sait à quoi s'en tenir, mais on doit quand même tous sortir du bâtiment – c'est la procédure. Une fois dehors, je tente une nouvelle fugue. Mais à peine engagée dans la rue, je tombe nez à nez avec des employés de Midrange Lodge.

Retour dans le bureau de l'homme sans nom. Il a une mine sévère.

J'en ai rien à cirer de ce que tu penses, monsieur sans nom.

« Hope, on ne peut pas assurer ta sécurité. Je vais devoir te placer à l'isolement jusqu'à demain, le temps que ton assistante sociale vienne te chercher. »

Une autre nuit sans sommeil.

Qu'est-ce qu'ils vont me faire ? Pourquoi personne ne me dit pourquoi je suis là ? Qu'est-ce que j'ai fait ? Pourquoi est-ce que personne ne veut de moi ?

Le lendemain matin, j'entre dans ce même bureau la tête basse. Manifestement, j'ai un problème : mon assistante sociale et sa chef sont là. Je jette un œil à l'horloge : il n'est même pas 7 h 30.

« Hope, on va te transférer dans une unité sécurisée à Calakow House, près de Croydon. » Mes épaules s'affaissent, mais je ne réponds pas. Je suis fatiguée, perdue. Je me sens abattue. « Peu m'importe, faites ce que vous voulez. »

Et puis il se passe quelque chose d'étrange. Mon assistante sociale me prend dans ses bras, dans ce bureau, en présence de l'homme sans nom et de sa chef. Elle se tient là, contre moi. « Tout va bien se passer. »

Notes prises par Hope en 1993, d'après les dossiers des services sociaux

Date : 25 mars 1988, 8 h 30. Hope Daniels

Conformément aux *Secure Accommodation Regulations* de 1983, la jeune fille susmentionnée a été admise dans l'unité sécurisée de Calakow House, aux date et heure spécifiées ci-dessus.

Motif du placement : « fugues à répétition ».

17

Haute sécurité

Calakow House, 1988

Comment je sors de là ? Il y a tellement de portes… Ça sent les produits ménagers. J'ai passé cinq portes pour arriver jusqu'ici, qui se sont toutes refermées dans un bruit métallique derrière moi. Mais au moins, ils sont plus gentils avec moi, ici.

On est à l'étage : le quartier ouvert est en dessous de nous. La surveillante, avec son grand trousseau de clés, m'a accueillie au bout du couloir, après cette enfilade de portes.

« Il n'y a aucun moyen de sortir et ne t'avise pas de déclencher l'alarme incendie, Hope, sinon tu seras privée de tennis. »

Merde, ils sont au courant.

Je teste toutes les portes : elles sont fermées.

Une fille qui est là depuis six mois est venue me parler : « Impossible de sortir, on a tout essayé. Dès que tu passes une porte, il y en a une autre derrière. Tout est fermé à clé, partout. »

D'ici demain, j'aurai trouvé un moyen de m'en aller. Qu'est-ce que j'en ai à faire, de leur évaluation? Ce que je veux, c'est voir mes potes, boire une bière, m'amuser un peu. Pas me sentir emprisonnée, contrôlée. Réfléchis...

Je me martèle le front, comme si les idées allaient venir.

Au déjeuner, on nous installe en longues tablées. C'est comme à Midrange Lodge, mais en même temps, c'est différent: les filles sont plus sympas et le personnel a l'air de s'intéresser à nous.

La fille qui est venue me parler tout à l'heure s'est assise à côté de moi. Elle s'appelle Fiona. Elle est vraiment très maigre. La nourriture, c'est pas son truc. Elle me demande:

«Ça te dit? Si tu prends ma part, je te donne une clope.»

Elle transvase un peu de son assiette dans la mienne. Tant que les surveillants déambulent près de nous, elle fait semblant de manger et puis zou, son assiette se vide et la mienne se remplit. À chaque fois, l'odeur du hachis parmentier s'échappe.

«C'est dégoûtant! dit-elle.

— Fantastique!»

Des clopes et du rab de nourriture. Génial!

«Mais enfin! Pourquoi vous pouvez pas me donner d'alcool?

— Hope, tu as treize ans.

— Ouais, mais on m'a enfermée sans aucune raison.

— Ils veulent t'évaluer.

— Ouais, et ils me prennent la tête. Je veux boire un verre.

— Impossible.
— Mais pourquoi, putain ?
— Tu as treize ans.
— Bon, alors donnez-moi un aérosol.
— Tu sais très bien que non. Écoute, Hope, assieds-toi. »

Je m'exécute.

« Hope, on se fait du souci pour toi. Tu as tout l'avenir devant toi. Tu n'es là que pour quelques semaines. Moi et tous mes collègues, on ne veut que ton bien. Tu es une enfant intelligente et pleine de vie, mais tu n'es qu'une enfant. Alors, laisse-nous prendre soin de toi, d'accord ? On sait ce qui est le mieux pour toi, et ce n'est sûrement pas l'alcool. Tu vas finir par te faire du mal, si tu continues comme ça...

— Je m'en fiche. Personne ne m'aime. Aucune famille ne veut de moi. Personne ne m'a choisie ! Alors à quoi ça sert ? »

J'ai la tête entre les mains.

« Tu vaux beaucoup mieux que tu ne penses, Hope. Il faut que tu fasses attention à toi, sinon tu finiras comme ta mère.

— Quoi ? Ah non, putain ! » Je pars en courant.

Il faut que je sorte d'ici. Tout de suite.

J'étouffe, je me sens prise au piège, comme si tout mon souffle me comprimait de l'intérieur. Jamais, jamais je ne serai comme elle.

Je la déteste. Hope, tu dois faire ce qu'il faut pour ne pas être comme elle. Il faut que je sorte d'ici. Comment ? Comment ? Réfléchis... Bon sang, j'ai besoin d'un verre !

Je fais les cent pas en me tordant les mains nerveusement.

Réfléchis ! Ma seule manière de pouvoir boire un verre, c'est de sortir d'ici. Oh mais... Ah ah ! Je sais ! C'est une idée géniale ! Pourquoi j'y ai pas pensé plus tôt ? Le monte-plats ! Il descend jusqu'aux cuisines du quartier ouvert. Les filles d'en bas m'aideront, j'en connais quelques-unes de Chesterfields. Génial ! Je me glisserai dans le monte-plats après le déjeuner. D'après Fiona, les cuisiniers finissent leur service à 14 h 30.

Pendant le déjeuner, je suis si excitée que j'en ai des fourmis dans les jambes. J'ai tellement hâte de retrouver ma liberté, de boire un verre, de me lâcher un peu, que j'arrive à peine à avaler mes doubles portions. Personne n'est au courant de mon projet.

Il ne me faut pas longtemps pour m'introduire dans le monte-plats et m'y recroqueviller comme un fœtus dans le ventre de sa mère. C'est bon, je suis prête. Mais mince ! Qui va appuyer sur le bouton pour me faire descendre ? Je tente de m'extraire de ma cachette.

Oh merde, je suis coincée !

Mon bras est bloqué contre la porte du monte-plats, je n'arrive pas à l'ouvrir. Je ne peux qu'attendre que quelqu'un appuie sur le bouton.

Tout le monde joue au tennis et moi je suis coincée là. J'y crois pas ! Merde, ça fait mal...

Les crampes viennent me tenir compagnie – le pied gauche. Ah la vache, il ne manquait plus que ça. Je ne peux pas m'empêcher de rire. Des pas dans le couloir : je tambourine à la porte pour qu'on me sorte de là, qui que ce soit, et tant pis si les ennuis me pendent au nez.

Ouf !

« Fiona !

— Hope !? Qu'est-ce que tu fais là ?

— Je m'en vais. File-moi un coup de main, appuie sur le bouton.

— Le bouton est en bas… Et tu peux toujours compter sur les cuisiniers pour t'aider.

— Oh merde. Bon, ben il va falloir que je trouve autre chose, alors. Aïe, j'ai une crampe. Aide-moi à sortir de là ! »

Elle extrait un bras, puis une jambe. La manœuvre nous fait rire toutes les deux tellement elle est pataude. Fiona est si maigre qu'elle n'arrive pas à me faire basculer hors du monte-plats, dont je dois me laisser dégringoler par terre en riant. Je jette un œil sur l'horloge du couloir : j'ai passé deux heures dans ce monte-plats. Si j'étais restée sagement là où j'étais censée être, j'aurais pu jouer au tennis.

Examen, 1988

Les projecteurs s'apprêtent à se braquer sur moi pour un examen.

Un examen de quoi ? Ils ont mes foutus dossiers : ils devraient savoir ce qu'il y a dedans. Moi, je ne sais pas, et ce n'est pas juste. Vivement que j'aie l'âge de mettre la main dessus.

La doctoresse me regarde d'un drôle d'air. Ils le font tous. C'est le cinquième médecin que je vois en cinq jours. Je suis crevée. Ils ne me laisseront jamais tranquille. Ils me parlent d'une toute petite voix, pas comme à une personne normale. Ils me regardent comme un objet curieux.

Je suis un être humain, pas une chose.

Les filles m'ont dit que les médecins me poseraient toutes sortes de questions : ce que je pense de ci, ce que je pense de ça... Ils sont obnubilés par le fait de savoir si quelqu'un a déjà joué à touche-pipi avec vous, et les effets de ceci ou de cela. J'avais décidé de les mener en bateau, mais maintenant, à part le ton de leur voix, les psychiatres et les psychologues commencent à me dire des trucs sensés, alors je me mets à leur expliquer ce qui se passe dans ma tête.

Dans un premier temps, j'ai un peu peur d'en parler. Ils m'ont donné des jouets et des casse-tête pour m'aider à m'exprimer. Au début, ça ne m'a pas du tout plu et je leur ai craché : « Pourquoi vous me filez ces merdes ? Je déteste vos évaluations à la con. Je vous déteste, je déteste tout, tout le monde ! Vous pouvez pas me laisser boire un verre tranquille ?

— Tu sais bien que non, Hope. »

Ils ont été patients avec moi. Ils m'ont aidée à me calmer. Et soudain, les mots sortent. Je suis fatiguée : je veux en finir avec toute cette confusion. Les mots sortent tout seuls et il est trop tard pour les ravaler. Ils flottent quelque part entre la psychothérapeute et moi.

« Je déteste la profession de ma mère. Elle est honteuse. »

C'est la première fois que je suis capable de parler de ce qui s'est passé et de mes sentiments à ce sujet. Et du simple fait de ne plus avoir ce truc coincé dans mon crâne, je me sens un peu mieux. Ces gens m'écoutent ; ils ne réagissent pas mal à ce que je dis. Alors je continue :

« J'ai vraiment peur de devenir dépendante comme ma mère. Je peux devenir complètement obsédée par quelque chose ou quelqu'un.

— Tu peux nous en dire un peu plus, Hope?

— Ben, par exemple, comme avec mes fugues ou mes dossiers. Tous les jours, je me demande ce qu'il y a dans mes dossiers; et ce qu'ils écrivent dans le journal de bord. Comme j'y ai pas accès, je sens comme une pression dans ma tête, dans ma poitrine, et j'ai l'impression que ça va exploser. La seule chose qui me soulage, c'est une clope ou un verre. Et comme j'arrive pas à exprimer mon mal-être, je m'enfuis. J'ai besoin de courir, courir, courir, j'y peux rien. »

Elle hoche la tête, me regarde gentiment, assez pour que je continue. Maintenant que j'ai commencé, j'ai du mal à m'arrêter.

« La vie m'épuise. C'est de la merde.

— Et comment te sens-tu ici, Hope?

— Quoi, dans l'unité sécurisée?

— Oui.

— Super. »

Elle lève un sourcil. « Vraiment?

— Oui, ici t'as pas à penser par toi-même, vu que t'as même pas le droit de mettre des chaussures. J'ai aucune décision à prendre sur quoi que ce soit. Je suis en sécurité, je mange à heure fixe. J'ai aucune pression. Personne m'oblige à aller voir mes parents. »

Ça me fait penser à demander de leurs nouvelles. Je suis vraiment curieuse de savoir ce qu'ils ont pu dire sur moi à ces professionnels.

« Je peux vous poser une question?

— Bien sûr, Hope. »

Les mots se bousculent: « Qu'est-ce que mes parents vous ont dit à propos de moi? Ils étaient soûls quand vous les avez vus?

— Eh bien, ils s'inquiétaient pour toi et, oui, ils avaient bu, alors on n'a pas vraiment pu s'entretenir avec eux. »

Tous les professionnels me disent la même chose, et à chaque fois le même sentiment de honte s'abat sur moi, et une petite voix au fond de ma tête me dit que je finirai comme ça.

« Je ne veux pas ressembler à mes parents. Vous croyez que c'est possible ?

— Oui, Hope, bien sûr. Tu es une fille intelligente, tu as de la volonté et des ressources. Avec le soutien nécessaire, et si l'on veille bien à ne pas faire peser trop de responsabilités sur quelqu'un de ton âge, alors oui, je pense que tu peux y arriver.

— C'est dur, vous savez, je suis pas stupide, mais à l'école, tout le monde voyait bien que j'étais mal. Ils savaient tous, pour ma mère ; ils me disaient que je finirais comme elle. » Je triture mon jean. « Vous me trouvez stupide ? Qu'est-ce que vous allez écrire dans votre rapport ? »

Elle sourit. « Tu sais bien que je ne peux pas te le dire, Hope.

— Mais ces dossiers, ils parlent de moi... Pourquoi je peux pas savoir ce que vous écrivez et ce qu'il y a dedans ? Ils sont à moi ! Pourquoi je peux pas savoir ce que vous dites sur moi ? »

Jour après jour, l'absence d'informations sur ces dossiers alimente mon obsession.

Notes prises par Hope en 1993, d'après les dossiers des services sociaux

Entretiens entre Hope (moi) et la psychologue scolaire : 20 et 28 avril, et 25 avril et 4 mai 1988.

— Hope : coopérative pendant les entretiens. Mûre pour son âge, a conscience de l'importance des sujets difficiles abordés.

— Changement d'équipe à Chesterfields : survenu à une période cruciale, effet perturbateur. Les petits frères semblaient heureux à Chesterfields, alors que Hope a réagi en fuguant.

— Attitude envers l'éducation : veut absolument retourner à l'école, mais pas en internat. Veut une famille d'accueil.

— Capacités : concentration correcte ; résultats aux tests de QI (verbal et performance) : milieu de la tranche moyenne. Fiable et cohérente.

— Circonstances difficiles et meilleures notes obtenues dans les tests de raisonnement verbal. Les résultats peuvent traduire une estimation basse des capacités.

— Ont écarté toute inquiétude quant à un problème d'alcool qui pourrait se développer (risque : identification aux parents, surtout en cas de séparation pénible ; la psychologue a noté qu'elle ne m'a pas parlé de ça).

Pourquoi?

— Capable de parler au personnel. Hope aimerait à nouveau essayer une thérapie de groupe. La psychologue dit que c'est important de l'organiser : j'ai besoin de soutien et de compréhension. Les professeurs peuvent aider à la réintégration à l'école, les dispositions qui seront prises pour l'approche thérapeutique auront une importance fondamentale dans son adaptation personnelle et sociale.

Merde, pourquoi c'est jamais arrivé?

— Hope proche de ses frères ; mais très stressée par les changements de personnel et les ruptures ; a réagi d'une manière préjudiciable. On devrait envisager ses besoins indépendamment de ses frères.

— Une solution de placement individuel pour elle EST une option à envisager.

Tutrice, 1988

Elle m'a apporté un Big Mac, ma tutrice *ad litem.* C'est la personne que le tribunal a désignée pour parler en mon nom pendant les conférences de cas.

Je ne vois pas pourquoi je ne peux pas y aller moi-même.

Je l'aime bien, elle prend ma défense. Ma conférence de cas doit avoir lieu bientôt, parce qu'elle n'arrête pas de me poser des questions pendant que j'essaie de manger.

Mon Big Mac a refroidi, le temps qu'elle passe toutes les portes pour arriver jusqu'à moi, mais je l'apprécie quand même. Elle doit avoir un truc à me demander ou à m'annoncer : en général, quand j'ai le droit à un McDo, c'est qu'il se trame quelque chose.

À chaque fois que je la vois, j'ai une boule dans la gorge. Non pas à cause d'elle, mais parce que je me sens asphyxiée. Depuis que j'ai été placée, même avant d'être dans cette unité sécurisée, j'ai toujours eu l'impression d'avoir besoin d'une autorisation pour éternuer. Je dois m'adresser à elle pour la moindre chose, et toute cette injustice tourne en boucle dans ma tête.

Pourquoi je ne peux pas aller dormir chez des amis sans que la police vérifie systématiquement qui sont leurs parents ?

Ici, dans l'unité sécurisée, c'est mieux, parce qu'il n'est pas question d'aller chez des amis. On n'a pas à se soucier de quoi que ce soit : les règles sont les règles, on sait à quoi s'en tenir, et surtout je suis au chaud et en sécurité, comme un bébé sous sa couverture en coton.

Les gens qui m'aiment bien viennent me voir. Par exemple, la mère d'Erica est venue hier. J'adore les visites. Ça me donne l'impression d'être quelqu'un d'important. Et en plus, on m'apporte des cadeaux : des livres, des bonbons. Hier, la mère d'Erica a vraiment pété un câble en voyant comment on me traite. Ça a commencé par le nombre de portes qu'elle a dû franchir pour arriver jusqu'ici. Elle m'a posé des tas de questions et n'a pas eu l'air d'apprécier mes réponses. Ça m'a perturbée ; je ne l'avais encore jamais vue craquer.

Même quand on faisait vraiment n'importe quoi, avec Erica, qu'on sortait tout le temps et qu'on se soûlait, elle est toujours restée calme ; elle nous disait juste qu'elle s'inquiétait pour nous.

Au début, j'ai cru qu'elle s'énervait contre moi, parce que je m'étais mise dans une situation qui m'avait valu un enfermement. Je l'écoutais, en essayant de ne pas laisser la pression monter dans ma tête.

« Pourquoi tu n'as pas le droit de mettre des chaussures ? C'est ridicule. Tu sais qu'ils m'ont fouillée ? Ridicule… Qu'est-ce qu'ils s'imaginent que je puisse t'apporter ? Qu'est-ce que c'est que tout ça ? Tu n'as rien fait, pourquoi ils t'ont enfermée ? Je vais te sortir d'ici, Hope, je me battrai pour que tu sortes. »

C'est la première fois que quelqu'un se fait du souci pour moi.

Je l'aime bien. Elle veut que j'aille vivre chez elle. Hier, elle me l'a demandé. J'ai dit oui.

Quand elle est repartie, je me suis allongée sur mon lit en fixant le plafond. Elle était vraiment en colère de me savoir enfermée, mais en fait, ça me va. Ici, on est en sécurité et on connaît les limites à ne pas franchir. On joue au tennis une heure par jour et on peut faire du yoga, quand on a besoin de se calmer. Je ne porte jamais de chaussures. Je ne me suis jamais sentie aussi sereine. Le seul point noir, c'est que j'ai perdu des affaires, mais tout le monde est dans le même cas – on déménage tellement souvent, et au dernier moment. Faire nos adieux nous intéresse davantage que faire nos valises. On laisse toujours quelque chose derrière soi.

« Comment vas-tu, Hope ? » demande ma tutrice.

Si seulement on me donnait une pièce à chaque fois qu'on me pose cette question !

« Ça va, merci.

— Tu as trouvé tes marques, ici ? Ça se passe bien ?

— Oui, très bien. Beaucoup mieux qu'à Midrange Lodge.

— C'est vrai ? Tu préfères être enfermée ? »

Je marque une pause. Elle me laisse réfléchir. Pas de pression de sa part – c'est une des raisons pour lesquelles je l'aime bien. Pas de pression.

« Ouais. Je me sens protégée et en sécurité. Protégée de mon propre cerveau. Mais les évaluations me soûlent un peu, j'arrête pas de leur répéter tout le temps la même histoire, et aussi que personne n'a jamais essayé de me tripoter. Faut toujours que je le redise ! Je sais très bien que c'est pas arrivé, mais ils n'ont pas l'air de me croire, parce qu'ils continuent de me demander si un adulte m'a fait quelque chose qui me pose un problème.

— Il faut qu'ils vérifient, Hope. Mais tu m'expliquais pourquoi tu appréciais d'être enfermée…

— Alors je leur dis : la seule chose que vous m'ayez faite et qui me pose un problème, c'est que vous ne m'avez pas trouvé de famille d'accueil. »

Ça nous fait rire toutes les deux.

« Je leur dirai, à la conférence. Bon, avançons… »

L'après-midi est presque passé.

« Redis-moi pourquoi ça te plaît d'être ici.

— Eh ben, à part le fait qu'ils n'arrêtent pas de m'évaluer, je trouve que les gens ici, euh… je trouve qu'ils m'écoutent vraiment, qu'ils essaient de comprendre ce qui me fait du bien. On dirait des gardiens de prison, avec leurs gros trousseaux de clés, et je vous jure qu'ils ont des yeux derrière la tête. Mais ils sont gentils avec moi. Et puis surtout, j'ai aucune décision à prendre. Aucune responsabilité. C'est juste moi et mes pieds nus.

— Hope, je comprends que tu apprécies cette sécurité, mais tu ne pourras pas rester ici. On verra le résultat de la conférence de cas, mais ils ne peuvent pas te laisser enfermée comme ça. Tu n'as que treize ans, toutes les autres filles ont trois ou quatre ans de plus que toi. Ce n'est pas sain pour toi de rester ici.

— Je m'en fiche. Je me sens plus sereine, ici. Je veux rester. »

Elle soupire, change de sujet et me laisse terminer mon Big Mac. Et puis elle laisse échapper la raison pour laquelle elle est ici, la raison du Big Mac et du supplément frites.

« Hope, la conférence de cas approche. Il faudra que je leur dise ce que tu veux. Tu peux me le dire ?

— Vous savez bien ce que je veux. J'arrête pas de le dire. Je veux faire partie d'une vraie famille. Je veux une famille d'accueil. »

Notes prises par Hope en 1993, d'après les dossiers des services sociaux

Rapports psychiatriques, avril-mai 1988. Calakow House.

Hope ne connaît peut-être pas certains détails de la vie de ses parents. La plus grande prudence s'impose quant à la révélation des éléments ci-dessous sans tenir compte des possibles conséquences.

Eh bien, je le sais, maintenant…

Antécédents :

M. Daniels (papa) :

— 66 ans ; placé de 3 à 16 ans.

— Retour chez lui à 16 ans. Trois frères plus jeunes, à peu près de son âge. Papa s'est senti abandonné et négligé.

Oh ! Pauvre papa, ça a dû être dur.

— Plusieurs séjours en prison, principalement pour vol à l'étalage.

— Papa dit : en bonne forme physique mais des ulcères. Boit davantage après notre placement. N'obtient pas d'aide pour arrêter l'alcool. Fatigué de la vie.

Mme Daniels (maman) :

— 49 ans ; benjamine de 4 enfants.

— Sa mère en maison de retraite. Pas de visite depuis 2 ans.

— Son père : marine marchande, alcoolique et plutôt absent pendant l'enfance de maman.

— Maman placée, retour chez elle à l'âge de 17 ans. Premier enfant à 17 ans : adopté.

— Rencontre papa à 25 ans ; il a 17 ans de plus qu'elle.

— Papa et maman expulsés 3 fois ; aujourd'hui en logement social sur Hamilton Street.

— N'ont jamais été mariés.

Merde ! Ils se sont jamais mariés… Alors pourquoi ils sont restés ensemble ?

— Maman : longue histoire avec l'alcool. Prison pour vol à l'étalage, ivresse, troubles à l'ordre public.

— Le psychologue note : maman a exercé le métier de prostituée. Elle ne l'a jamais avoué mais a dit : Hope exposée à des activités sexuelles, bien que pas de manière intentionnelle. Les clients venaient à la maison. Maman « pensait que je dormais ».

— Papa et maman : pas soûls pendant l'entretien, mais sentant fort l'alcool, abattus, fumant cigarette sur cigarette. Polis, coopératifs, mais vides et déconnectés des besoins des enfants (nous).

— Ils ne pensent pas qu'ils auraient dû arrêter de boire ; ils pensaient que globalement, on s'en sortait.

Pourquoi vous n'avez pas pu arrêter l'alcool pour nous ? L'addiction était la plus forte ? Pourquoi ?

— Impuissants : cercle vicieux de prison et de pauvreté.

— Tous deux, ayant reçu une mauvaise éducation, n'ont pas appris à être de bons parents. Ils ne savaient pas élever leurs enfants.

Situation au moment du compte rendu :

— Harold, Jack et moi sous tutelle judiciaire depuis 1983. Bonne adaptation.

— Pour moi : des changements de personnel et la puberté ont perturbé cette situation. Recours à l'alcool et la cigarette pour me relaxer.

— Risque que je répète le cercle vicieux de maman : je fuguais la nuit sans dire où j'allais. Mais je rentrais toujours, ou on me ramenait.

— Psychothérapie à Calakow House : pas sûre de vouloir commencer. Mais je suis restée en contact avec mes frères. Je voulais continuer la thérapie, mais j'ai dit au psychiatre que j'arrêterais si ça ne me convenait pas.

— Réaliste ; et je savais que le tribunal pourrait décider de me placer dans un foyer éducatif.

— Mais je leur ai dit que dans ce cas, j'estimerais ne pas avoir été entendue, une fois de plus.

Examen de l'état mental :

— Hope : bon développement, maturité physique et sexuelle, souriante. Bon contact visuel et très bon relationnel. Conversation sans incident. Pas de troubles de l'humeur, de l'appétit ou du sommeil.

— Pas de signe de psychose ni de symptôme obsessionnel. Aucune déficience cognitive.

— Intérêt pour ses parents, en particulier leur attitude pendant l'entretien, et leurs peines de prison.

A honte d'eux. A pitié d'eux. Pas de colère. Ils ne lui manquent pas.

— Dégoûtée par la prostitution et l'idée de « vendre son corps ». Souhaite ne jamais devenir prostituée.

— Préfère ne pas voir ses parents sauf s'ils sont sobres.

— Comprend pourquoi elle est placée à Calakow. Craint de fuguer sur un coup de tête si elle était en milieu ouvert.

— Souhait très affirmé de trouver une famille d'accueil ; se rend compte que ce sera peut-être difficile. Elle espère qu'avec une attitude bienveillante et des limites clairement posées, elle serait capable de bien se comporter.

— Rejette un intérêt pour l'alcool, les drogues ou les vapeurs d'essence ; ne craint pas de développer un problème d'alcoolisme.

— Pas de risque de violence. Sa perception des choses est bonne, mais partielle et pas spécialement immature.

Conclusions :

— Développement physique et mental normal, optimiste quant à un retour à l'école, veut trouver une famille d'accueil – mais sait que cela pourrait être difficile.

— Intelligence et potentiel scolaire dans la moyenne (sous réserve du suivi adéquat).

— Parents incapables d'offrir un environnement stable : quel effet cela aura, la psychologue ne le sait pas. Aucun signe extérieur des dégâts causés par le fait d'avoir vu sa mère travailler – à part beaucoup de jurons.

— Risque de fugue, et de ne pas s'ouvrir au personnel d'un tel besoin.

— On a dit à Hope que Hackney cherchait activement une famille d'accueil ; et qu'elle devrait suivre une psychothérapie pour résoudre des problèmes de sécurité et relationnels, et peut-être réduire le risque de rejouer l'histoire de sa mère. Mais pour l'instant, rien de tout ça n'est arrivé.

— Risque considérable de développer une dépendance alcoolique.

— Famille d'accueil : la psychologue pense que c'est un risque !

— Peut comprendre que Hope veuille à tout prix avoir une famille, pour tisser une relation de proximité et d'intimité avec des parents attentifs et bienveillants, et vivre l'enfance qu'elle n'a pas eue. Mais il faut être clair : la réalité de la situation de Hope rend cela très improbable.

— Ce sera douloureux pour Hope d'accepter le fait qu'elle n'a pas eu l'enfance qu'elle aurait dû avoir, et que ses propres parents ont été défaillants.

— Difficile pour n'importe qui, encore plus pour quelqu'un d'aussi vulnérable qu'elle.

— Une partie du problème : les adultes qui ont remplacé ses parents ont eux aussi leurs limites quant au soutien qu'ils peuvent lui apporter. Or aucune mention de ces limites.

— Tragique si l'inaptitude des parents à accepter leurs limites et le fait d'entretenir de faux espoirs devaient se répéter à travers l'incapacité des professionnels à accepter leurs propres limites.

— Les professionnels ne devraient pas entretenir de faux espoirs pour l'avenir de Hope : ils devraient reconnaître leurs limites.

— Essentiel que l'examen imminent se saisisse de ce problème, si l'on veut trouver une manière de l'aider.

— Ce sera très difficile pour Hope ; d'où le besoin urgent d'une thérapie.

— Tant qu'elle ne verra pas que les professionnels connaissent leurs limites et sont capables d'affronter la douleur que cela suscite, il y a peu de chances qu'elle fasse confiance à quiconque.

18

Une décision

Conférence de cas, 1988

C'est aujourd'hui. Je le sais, parce qu'ils m'emmènent faire du yoga.

Ça a donné quoi, les tests ? J'ai dû bien me débrouiller, parce que j'ai déjà commencé à travailler pour mon certificat d'études secondaires. C'est seulement dans un an, mais j'ai envie de réussir.

Le personnel dit qu'il ne me faudra pas longtemps pour rattraper mon retard, parce que je suis intelligente, et qu'il faut que je travaille dur pour me construire un avenir. Je crois que je peux y arriver.

Ils m'ont demandé de rester dans la salle de yoga, à côté de leur salle de réunion. Je saute dans tous les sens, comme si j'avais avalé un ressort.

Comment je vais pouvoir attendre qu'ils aient terminé ? Je veux aller dans l'autre pièce. Je veux savoir tout de suite.

Je jette un œil par la porte pour voir qui assiste à ma conférence de cas : ils sont huit ou neuf, dont certains que je connais.

Il y a cette psychologue… Merde, qu'est-ce que je lui ai raconté, déjà ?

Je les regarde passer et toutes se tournent vers moi avec un petit sourire, un hochement de tête ou un mot gentil : mon assistante sociale, sa chef, ma tutrice et mon ancienne institutrice, qui me sourit sans dire un mot.

J'espère qu'elle viendra me voir quand ils auront terminé. Merde, et si les gens qui ne me connaissent pas ne les écoutent pas ? C'est une famille d'accueil, que je veux. Vous avez bien entendu ?

La porte de la salle de réunion se referme : pour moi, c'est un cauchemar.

J'ai tellement envie d'une famille. Est-ce que j'ai été assez claire pendant les réunions ? Est-ce que j'ai réussi leurs tests ? Ils sont dans la pièce d'à côté, juste là ! Ils parlent de moi. Pourquoi je peux pas me joindre à eux ? C'est pas juste.

Je colle une oreille au mur pour essayer d'entendre ce qu'ils disent, mais je n'entends rien. Aujourd'hui, le yoga se résume pour moi à faire les cent pas. J'arpente la pièce d'un mur à l'autre, et pour varier un peu, d'un coin à l'autre. Une ligne oblique, de travers comme ma vie. Mon cœur bat au rythme de mes pas rapides.

Ce genre de réunion a lieu tous les six mois. C'est ma septième conférence de cas, mais je ne m'y suis toujours pas habituée. Ne pas pouvoir y assister, ne pas savoir, ça me rend dingue. À chaque fois qu'ils discutent de mon cas derrière une porte close, j'ai le sentiment d'être prise au piège et que ma vie se joue dans la pièce voisine.

Et s'ils décidaient que je dois à nouveau voir mes parents ? Je ne veux pas les voir. Je ne veux pas.

Je n'ai aucun contrôle sur ce qui m'arrive, je dois me contenter d'attendre en faisant les cent pas, un tourbillon de pensées dans ma tête, jusqu'à ce qu'ils réapparaissent, tout sourire. Mon ancienne institutrice est la première à sortir.

« Ça me fait vraiment plaisir de te voir, Hope. Comment vas-tu ?

— Bien, merci, mademoiselle. Comment ça s'est passé ? C'est pas juste que je puisse pas assister à cette réunion.

— Tu connais la procédure, Hope, tu sais que je ne peux rien te dire, mais ne t'inquiète pas. Ton assistante sociale t'annoncera ce qui a été décidé. Mais dis-moi, comme tu as grandi ! Tu as l'air en pleine forme, et ces beaux cheveux blonds ! Alors, parle-moi un peu de toi… »

Notes prises par Hope en 1993, d'après les dossiers des services sociaux

Centre de ressources régional de Calakow, synthèse de l'évaluation. Neuf personnes ont pris cette décision me concernant.

— Hope : une fille agréable et coopérative qui a une certaine conscience de ses problèmes. Confiance, capacités scolaires et est capable de réussir sur le plan éducatif.

— Le collège et le foyer de Chesterfields : tous deux accepteraient de la reprendre.

— Longue discussion pour convenir que, même si Hope a demandé à retourner à Chesterfields, elle n'a donné aucun engagement ferme quant à son comportement. Si elle y retournait, les comportements qui lui ont valu d'aller à Calakow pourraient bien se reproduire.

— Son souhait d'une famille d'accueil : perspective qui peut être sérieusement envisagée comme viable à long terme ; Hope tirerait profit d'une bonne expérience parentale.

— Frères : contact important, mais pas nécessaire que Hope soit placée à plein temps avec eux.

— Une meilleure réponse à ses besoins individuels pourrait lui être apportée sans la présence de ses frères.

Décisions :

— Placement et thérapie : important pour son développement personnel et social.

— Éducation : les apprentissages en petit groupe sont les mieux adaptés à ses besoins ; les conditions d'un foyer éducatif (prise en charge, constance, contrôles) sont les bonnes pour Hope. Plus des week-ends avec ses frères, possiblement à Chesterfields.

— Si le placement en famille d'accueil devient une réalité, le foyer éducatif aidera à la transition ; dans le cas contraire, il offrira une solution de long terme.

— Deux établissements potentiels identifiés : Beaufort et Ferring Lodges.

— Transfert de Hope en milieu ouvert à Calakow dans quelques jours.

L'annonce, 1988

Dans la pièce, mon assistante sociale, sa chef et moi. L'atmosphère est pesante. Elles viennent de m'annoncer les décisions du comité d'évaluation. Je reste sans voix. Je me contente de fixer une tache de café sur le tapis.

«C'est nul! Un foyer éducatif? Je croyais que vous alliez me donner ce que j'ai demandé à ma tutrice: une famille d'accueil?»

Pourquoi est-ce que personne ne veut de moi? Le tribunal a dû leur dire des choses négatives sur moi. Personne ne veut de moi, parce que tout le monde me déteste. Je suis dégoûtée!

Mamie, 1988

Il y a une autre porte devant moi que je n'ai pas envie de franchir. Cette fois, c'est une porte marron, bas de gamme, avec un gros ressort qui lui permet de se refermer toute seule. Son vitrage est renforcé par un grillage métallique, comme dans tous les endroits où j'ai vécu depuis que j'ai quitté mes parents. Mon regard se porte au-delà du grillage, où une infirmière est en train de donner à manger à une vieille dame aux épaules si voûtées que son cou et son dos forment un angle droit. Elle est assise sur une chaise. Une bouillie marron passe d'un bol en plastique bleu *via* une cuiller en plastique bleu à la bouche de la vieille dame, avant de lui tomber sur le menton.

Elle ne ressemble pas à ma grand-mère, mais on me dit que c'est elle. Elle a demandé à me voir. Je pousse la porte, plus lourde qu'elle n'en a l'air, ce qui retarde un peu plus le moment de dire bonjour à cette femme qui ne porte plus de tablier à fleurs et ne vit plus en haut de sa tour d'où elle dominait le reste du monde.

L'infirmière lève les yeux: «Tu veux lui donner à manger?»

Avant que je puisse répondre, j'ai un bol dans la main et l'infirmière s'en va. Nous laissant seules. Autant que je m'en souvienne, c'est la première fois que je me retrouve seule avec ma grand-mère.

Alors c'est ça? C'est comme ça que ça se passe? Depuis quand tu es dans cet état? Est-ce que tu es vraiment elle?

« Allez, mamie, mange un peu. »

Elle refuse. Obstinément.

« Toujours aussi têtue… »

Un éclair dans ses yeux. Est-ce qu'elle a réagi? En tout cas, ça suffit à raviver ma peur de cette femme. J'ai l'impression qu'elle est toujours là, cachée, attendant le moment de surgir, toujours capable d'exercer son pouvoir. Je cours à la porte.

« S'il vous plaît, vous pouvez revenir? Elle refuse de manger, avec moi. »

Maintenant que l'infirmière lui prodigue ses soins experts, j'ai à nouveau envie d'essayer de lui parler. Mais aucune étincelle dans ses yeux, aucune réaction; juste des sons étranges qui sortent de sa bouche.

« Je comprends pas, mamie. Qu'est-ce qu'il y a? Tu me reconnais? C'est Hope.

— Elle est atteinte de démence sénile, ma puce. Il y a les bons jours et les mauvais. Quand elle t'a réclamée en t'appelant par ton nom, c'était un bon jour. Mais aujourd'hui, non. Elle ne comprend pas ce que tu lui dis et elle ne se souvient pas de toi. Elle ne doit même plus savoir qu'elle a une famille. La dernière visite qu'elle a eue remonte à un an. La dame était soûle, elle n'est pas restée longtemps. Elle voulait de l'argent, si je me souviens bien. La pauvre… »

Je me contente de la fixer. *Comment peut-on en arriver là? Finir dans une telle solitude? Qu'est-ce qui va se passer pour elle, maintenant?*

L'infirmière m'interrompt dans mes pensées : « Hope, ton chauffeur est là. Dis-lui au revoir, maintenant. »

J'ai beau vouloir lui serrer la main, je suis incapable de la toucher. Je n'ai jamais touché ma grand-mère et cela me remplit de tristesse. Je réalise que tous ses enfants et plusieurs de ses petits-enfants ont été pris en charge par les services sociaux. Toute sa vie, elle a été seule, physiquement et affectivement. Comme je ne sais pas trop quoi dire, je dis simplement ce qui me paraît convenir :

« Au revoir, mamie. Prends soin de toi. »

19

Une autre forme de rébellion

Notes prises par Hope en 1993, d'après les dossiers des services sociaux

Lettre de mon représentant légal à la Cour suprême, 20 juin 1988. Objet : Hope Daniels.

— Écrit au sujet de la lettre de la Cour suprême du 7 avril 1988 indiquant qu'une assistante sociale spécialisée dans le placement familial était affectée au dossier de Hope Daniels.

— Demande des informations, car aucun progrès n'a été accompli pour trouver une famille d'accueil à Hope.

Dossier clos, 1988

Je vais leur montrer. Les gens entrent et sortent de ma vie sans arrêt. Personne n'y reste. Personne n'est fichu de vouloir de moi.

Mon oreiller est mouillé de larmes. En réponse à la lettre de mon représentant légal, que je lui avais demandé d'écrire, tout ce que j'apprends, c'est que les services sociaux de Hackney ont clôturé mon dossier.

Le déchirement m'a sciée en deux. Malgré tous les coups de poing que j'ai donnés dans ma tête de lit, je n'ai pas mal aux mains ; ma douleur est à l'intérieur et hurle pour sortir. Elle se déverse hors de moi, devant une telle injustice, sous forme de larmes salées qui s'échouent sur mes draps.

Pourquoi ? Pourquoi moi, pourquoi ces promesses qui ne sont jamais tenues ? Il y a eu des tas de réponses après la publication de ma photo dans le journal.

Même la mère d'Erica a posé sa candidature, mais on ne l'a pas retenue parce qu'elle est mère célibataire. Mon assistante sociale spécialisée en placement et ma coordinatrice ont passé des heures à lire les lettres, à trier les gens bizarres et les normaux. À la fin, elles m'ont parlé de trois familles.

Pendant un moment, j'ai sauté d'enthousiasme. Quand je voyais mon visage souriant dans le miroir, je m'arrêtais pour mimer la rencontre avec ma nouvelle famille. J'avais vu tellement de « présentations » pour les autres ; je pensais que cette fois, c'était mon tour. J'imaginais ma nouvelle vie dans un foyer heureux, qui m'avait choisie, où j'étais désirée. L'une des trois familles vivait dans une maison en bordure d'un cimetière : alors ça, non merci. Ma coordinatrice est allée leur rendre visite. Il y avait une famille parfaite : une prof d'aérobic et un pompier. Quand on m'a dit qu'ils voulaient me rencontrer, des sentiments jusque-là inconnus, de joie et de peur mêlées, m'ont subjuguée au point que j'ai failli m'évanouir. Et puis plus rien. J'ai demandé encore et encore :

« Quand est-ce que je les rencontre ? »

Ils ont fini par me dire que l'assistante sociale censée s'en occuper avait pris un congé maternité et que ma coordinatrice attendait sa remplaçante. Mais les services sociaux n'ont pas trouvé de remplaçante et ce matin la coordinatrice est venue à Beaufort m'annoncer que c'était trop tard : la prof d'aérobic et le pompier ont choisi une autre petite fille. J'étais trop assommée pour répondre, les pensées se bousculaient dans ma tête.

Pas étonnant que Betty m'ait dit qu'ils n'avaient reçu aucune réponse intéressante. Pourquoi l'assistante sociale m'a parlé d'un pompier et d'une prof d'aérobic ? Pourquoi ? Pourquoi ils m'ont laissée y croire ? Pourquoi ils ne lui ont pas trouvé de remplaçante ? Ou peut-être que le couple n'a plus voulu me rencontrer après avoir lu mon dossier ? Personne ne veut de moi. Je suis horrible.

Comme il n'y a aucune autre famille d'accueil potentielle, les services sociaux de Hackney ont clôturé mon dossier. Alors je sanglote sur mon lit, étendue sur le ventre, après m'être servie de mon kit.

Ils ont refusé la mère d'Erica ; la prof d'aérobic et le pompier n'ont pas voulu de moi. C'est à cause des services sociaux si je n'ai pas de famille. Je les déteste. Je les déteste.

Notes prises par Hope en 1993, d'après les dossiers des services sociaux

— 12 juillet 1988 : s'est encore enfuie. A disparu de Beaufort l'après-midi du 10 juillet et n'est pas réapparue.

— Retour le 12 juillet. A téléphoné de Londres, demandant si les visites du week-end à ses frères allaient être arrêtées. Après avoir reçu une réponse négative, est rentrée.

— Discussion avec Hope sur son avenir et ses responsabilités.

— Lui a rappelé ses capacités scolaires, fille intelligente ; en s'appliquant, pourrait devenir médecin, avocat ou autre profession de ce genre.

— À elle de briser le cercle vicieux ; en l'occurrence, éducation égale stabilité. Hope est allée voir ses frères, comme prévu, et est rentrée à l'heure.

Une visite à la maison, 23 décembre 1988

La vieille porte cassée n'est pas fermée à clé, comme d'habitude. En entrant, je lance un regard vers mon amie qui m'attend de l'autre côté de la rue. Tout à l'heure, je voulais qu'elle m'accompagne, mais plus maintenant.

« Salut papa, où est maman ?

— Là-haut. »

Et un « Bonjour, Hope, comment ça va ? », ce serait trop demander ? Maman est là-haut…

« C'est quoi, ce bruit ?

— Oh, tu sais… »

Oui, je sais… Meurs, vieux dégueulasse. Meurs, vieux dégueulasse.

Il y a une bouteille de whisky sur la table, là où il y a toujours eu une bouteille de whisky, et mon père est assis à côté, là où il s'assoit toujours. Je le trouve vieilli, grisonnant. L'escalier grince tandis que l'homme venu voir ma mère s'en va. Elle m'accueille par un :

« Où est-ce que t'étais passée, petite garce, et pourquoi t'es pas venue nous voir plus tôt ?

— Je sais pas, maman, j'étais occupée. Je suis venue la semaine dernière, avec l'assistante sociale, comme on avait dit, mais vous n'étiez pas là.

— Ouais, je l'ai dit à cette conne : on savait pas que vous veniez, personne nous a prévenus. Et puis c'était un lundi, tu sais bien qu'on est jamais là, le lundi. Mais ça fait des mois, Hope, qu'on se démène, ton père et moi, pendant que tu frimes dans ton jean neuf. En tout cas, t'es toujours aussi moche, tu devrais te maquiller un peu. Ça te fait quel âge, treize ans ?

— J'ai fêté mes quatorze ans, maman, même si tu t'en es pas souvenue.

— Qu'est-ce que t'as dit, là ? Et comment on est censés s'en souvenir, avec tous les problèmes que tu nous causes ? Une espèce d'égoïste qui nous balance et après nous laisse nous démerder tout seuls... »

Pourquoi tu as fait venir cet homme ? Tu pouvais pas préserver ce moment ?

« Désolée, maman.

— Oui, ça, tu peux être désolée ! Allez, sers-nous un verre à ton père et moi. Tu sais où c'est, ça n'a pas bougé. T'en veux un ? »

Un quart d'heure plus tard, dans l'entrée, où j'évite sans même y penser la quinzième latte du plancher, je fouille ma poche à la recherche d'un objet coupant. Il faut que j'expulse la colère qui monte en moi. Mais cette fois, m'entailler les bras ou les jambes en secret ne suffit plus.

Je la déteste tellement. Tu ne l'intéresses pas. Elle ne veut pas de toi.

Je ne trouve qu'un porte-clés, un de ma collection, et m'abandonne au besoin de me balafrer le visage pour évacuer la douleur montée du plus profond de moi et qui bouillonne sous la surface.

Je me tiens devant le miroir, pourtant je ferme les yeux. Je veux me concentrer sur ce moment où la douleur s'écoule, où je me libère pour pouvoir à nouveau supporter cette pagaille qu'est ma vie. Je veux laisser ma douleur et ma culpabilité ici, quitter ma mère et ne jamais la revoir. De la pommette au menton, je m'écorche encore et encore jusqu'à me sentir un peu mieux, puis je rouvre les yeux. Dans le miroir, une enfant triste me regarde, qui aurait dû pouvoir pleurer, mais a trouvé un autre moyen de faire face. Au lieu de larmes, le sang coule sur mes joues.

Je sors de chez mes parents sans dire au revoir ni me retourner, et referme la porte derrière moi.

« Putain, qu'est-ce qui t'est arrivé ?

— Ma mère. »

Notes prises par Hope en 1993, d'après les dossiers des services sociaux

Extrait d'un rapport de Beaufort, 20 août 1989

Malgré les défis qu'elle doit relever, Hope s'est mise au travail, a demandé des cours supplémentaires pour rattraper son retard et ne s'est plus enfuie depuis un mois.

20

Une action déstabilisante

Notes prises par Hope en 1993, d'après les dossiers des services sociaux

Bulletin scolaire de Beaufort, mars 1990

— Hope a réussi à maintenir une attitude positive malgré quelques perturbations ce trimestre.

— Elle a réalisé d'excellents progrès en dépit de problèmes personnels en dehors de la classe.

— Passe beaucoup d'examens ; devrait obtenir de bons résultats.

— Hope a les capacités de poursuivre ses études.

Célébration, 1990

« Oh putain !

— Ton langage, Hope… »

On est au McDo pour fêter ça. C'est la première fois que j'y vais sans que me pende au nez l'annonce d'un déménagement ou d'un enfermement – ou que mes parents me demandent de mentir. Si je suis là, c'est pour une raison bien de mon âge : fêter un bon bulletin scolaire. J'ai beau savoir que j'ai travaillé dur, j'ai encore du mal à y croire.

« Désolée, j'en crois pas mes yeux, ils doivent se foutre de moi ! Ça fait tellement plaisir, putain ! Oh pardon…

— Attention au ketchup, tu vas te tacher. C'est le résultat de ton travail, Hope. Il paraît que tu as pris des cours en plus ?

— On peut rien cacher, j'ai l'impression ! » Mais elle sait que je plaisante, car je lui souris. « Sérieux, vous pensez vraiment que je peux poursuivre mes études ?

— Bien sûr. Tu es très intelligente et tu as vite rattrapé ton retard.

— Ouais, j'ai travaillé dur…

— Qu'est-ce que tu voudrais faire plus tard, Hope ? »

Je fixe l'intérieur de mon pain pendant un bon moment ; la sauce dégouline. *Est-ce que je lui dis ? Elle va trouver ça stupide, non ?*

Je prends une grande inspiration.

« J'aimerais devenir avocate.

— Vraiment ? C'est formidable. Et pourquoi donc ?

— Eh ben, parce que j'ai jamais le droit d'aller au tribunal ni dans les conférences de cas. Je veux être capable de faire ce qu'il faut pour les gens qui ne peuvent pas se défendre eux-mêmes.

— Excellent, je vois que tu y as mûrement réfléchi. Je vais voir ce qu'on peut faire, d'accord ? Tu as de la ressource et tu sais travailler dur, quand tu te concentres, Hope, alors tu peux y arriver. »

J'ajoute d'un air malicieux : « Je peux venir à la réunion où ils vont décider si j'ai le droit de devenir avocate ?

— Tu sais bien que non, Hope. »

On échange un sourire. Mes pensées s'envolent et je me prends à rêver qu'un jour je défendrai mon propre cas devant le tribunal.

« Hope ! Hope, où es-tu ? »

Je sors de la salle commune en courant.

« Qu'est-ce qu'il y a ?

— Ta lettre, Hope : ça a marché, tu les as convaincus ! Le conseil t'accorde une bourse. Ils vont financer tes études jusqu'à ce que tu deviennes avocate ! »

Tout le monde se met à applaudir en criant des « Bravo ! ». Ou des « bravos » ? Il faudra que je regarde dans le dictionnaire. Ma prof m'a conseillé ce réflexe à chaque fois que je me pose une question sur le sens ou l'orthographe d'un mot.

À ma connaissance, je suis la première dans mon cas à bénéficier d'une telle bourse. Je me souris à moi-même, car je sais que ma lettre a compté lors de la réunion. Je bombe le torse comme cette frégate que j'ai vue à la télé. Les larmes me montent aux yeux et quelqu'un me tend un mouchoir.

Dans le foyer en effervescence, mon esprit se laisse dériver, comme si je regardais la scène de l'extérieur. Soudain, les vivats me ramènent dans une pièce remplie de whisky, le jour où nous avions fêté le paiement des allocations non perçues.

Oh, comme tout aurait pu être différent si l'on avait eu cet argent au bon moment ! Oh, papa, j'aimerais tellement que tu me voies et que tu sois fier de moi.

Réunions, 1990

« Hope, tu peux descendre, s'il te plaît? Il faut qu'on parle. »

Quand j'entends ce genre de phrases, c'est toujours la panique.

Qu'est-ce que j'ai fait de mal? J'ai des super résultats depuis un an et demi. Quelqu'un a balancé sur moi? Mais j'ai rien fait! Merde, qu'est-ce qu'ils me veulent?

« Une seule manière de le savoir : y aller. » Il n'y a personne dans ma chambre, mais je parle à mes posters de Duran Duran. Je compte à nouveau me marier avec Simon Le Bon qui ne devrait plus tarder à divorcer. Au bout de cinq ans de mariage, c'est ce qui arrive en général, non?

« Souhaite-moi bonne chance… » Je sais que Simon m'entend.

J'entre dans le bureau, armée d'un sourire qui charmerait n'importe qui. La directrice et ma conseillère m'attendent en silence, le dos bien droit dans leurs fauteuils – qui ne laissent pas vraiment le choix sinon de se tenir bien droit.

Mince, qu'est-ce que j'ai fait? Mieux vaut te taire, Hope, ouvre bien tes oreilles…

La directrice prend la parole. Ça doit être sérieux.

« Hope, tu as de très bons résultats depuis dix-huit mois et nous sommes vraiment fiers de tes progrès et de ton ambition. Tu veux devenir avocate, c'est très bien. Nous avons été ravis de te voir t'épanouir ici à Beaufort, mais… »

Elle baisse doucement les yeux, retardant les mots qui viennent après ce « mais », comme si cela allait y changer quelque chose. Mon cerveau s'emballe, mais je ne dis rien, immobile.

Et voilà, la douche froide arrive. Ils ne veulent plus de moi, c'est ça. Comme tous les autres. Ils n'ont jamais voulu de moi. Seulement fait semblant.

« Le fait que tu aies pris des cours supplémentaires, que tu travailles à la boulangerie le week-end, que tu ne fugues plus et qu'à notre connaissance, tu ne te soûles plus… »

Elle relève les yeux en souriant.

Allez-y! Si vous avez décidé de me bazarder, si vous avez écouté les mensonges de je ne sais qui, allez-y!

« Eh bien, il nous semble que… »

Les deux femmes échangent un regard qui semble dire « On prend la bonne décision », à moins que ce ne soit « Est-ce qu'on prend la bonne décision ? ». Ma conseillère approuve d'un hochement de tête à peine perceptible, que je n'étais sans doute pas censée voir.

Non, vous ne prenez pas la bonne décision. J'ai envie de crier. Je sais ce qui m'attend.

« Eh bien, il nous semble que tu es prête à changer d'unité ; tu seras toujours à Beaufort, mais dans une autre unité qui te conviendra mieux. »

J'hésite avant de répondre.

« Pourquoi est-ce que je dois changer ? Qu'est-ce que j'ai fait de mal ?

— Tu n'as rien fait de mal, Hope. Ce sera mieux pour toi, au contraire.

— Est-ce que j'aurai la même conseillère, la même chambre ? Ce sera le même personnel ?

— Non, Hope, mais tu t'habitueras vite.

— Et c'est pour quand ?

— Dans une semaine environ. Le temps que tu te fasses à cette idée. »

De nouvelles règles. Changer, toujours changer. Pourquoi ils peuvent pas me laisser tranquille, maintenant que je me sens bien ici ? J'ai pas envie de bouger. Je veux rester là. Les gens s'occupent bien de moi, même si vous voulez que je m'en aille.

Je me lève, déjà en pleurs. Pour la première fois de ma vie, je sors sans rien dire et monte dans ma chambre.

On frappe à ma porte ; une dame du personnel s'avance vers moi. Pourquoi est-ce qu'elle marche sur la pointe des pieds ? Elle me caresse les cheveux et me tend les coordonnées d'une association qui pourra m'aider, selon elle : *Voice for the Child in Care.*

« Appelle-les, ils te donneront des conseils. »

C'est tout ce qu'elle me dit avant de poser le papier sur ma table de chevet et de s'éclipser, me laissant avec mes yeux rouges, mon nez qui coule et un terrible sentiment de peur, de rejet et d'abattement. Une fois de plus, malgré tous mes efforts, personne ne veut de moi. Et pour couronner le tout, je n'ai jamais assez de mouchoirs.

Impossible d'arrêter de taper du pied. Mon genou s'agite comme l'aiguille d'une machine à coudre. Je crois que j'essaie d'évacuer l'excès d'énergie qui s'est accumulée en moi depuis que j'ai appelé l'association. La perspective de ce rendez-vous m'a rendue tout à la fois nerveuse et impatiente. J'ai peur qu'ils me laissent tomber, eux aussi, alors je me suis efforcée de faire bonne impression : j'ai mis mon plus beau jean, mon plus joli petit haut et remonté mes cheveux en queue de cheval haute – c'est plus élégant. Et maintenant, j'attends. Ma pause déjeuner à la boulangerie ne dure qu'une demi-heure. J'espère que la dame ne sera pas en retard. Ma « représentante », ils ont dit.

Une demi-heure plus tard, je ressors avec un plan d'action. J'ai déjà en tête la lettre que je dois écrire à la direction de Beaufort. On a décidé que je ne bougerais pas, que je ne ferais pas mes valises et que, s'ils me changeaient quand même de chambre, je ne déballerais pas mes affaires. Cela me procure un sentiment nouveau : celui de prendre le contrôle de ma vie. Et ce sentiment me plaît. J'ai décidé de me prendre en charge. Ce soir, au lieu de sortir, j'écrirai ma lettre aux responsables et au conseil d'administration. Je leur expliquerai les raisons pour lesquelles je ne dois pas être transférée, en quoi ce nouveau changement serait « perturbant » et « préjudiciable » à mon bien-être – j'ai bien noté les conseils de la dame qui m'a reçue. En particulier au moment où je prépare les examens du certificat d'études secondaires. On s'est mises d'accord sur ces arguments pendant le rendez-vous. En rentrant au foyer, je prends conscience que c'est la première fois que j'avais rendez-vous avec un professionnel à propos de décisions qui me concernent.

L'association me suggère d'attendre encore quelques jours la réponse à ma lettre. Je l'ai remise en main propre à chaque responsable et glissée dans les casiers des membres du conseil d'administration. C'est là qu'on leur dépose leur courrier, alors je sais que tout le monde a eu ma lettre. Personne n'a répondu. Je veux qu'ils me répondent. Qu'ils me disent que je peux rester dans ma jolie chambre. Je crois que j'ai bien défendu mon dossier, et comme j'ai cherché un tas de mots dans le dictionnaire, j'ai appris beaucoup de choses par la même occasion.

La directrice de mon unité m'attend devant l'entrée. Son visage ne laisse rien paraître. Je ne sais pas comment font certaines personnes pour être si peu expressives. Moi, tout transparaît sur mon visage, tout le temps. Et ça me plaît.

« Hope, on s'est occupé de tes affaires pendant que tu étais à la boulangerie. Je vais te conduire à ta nouvelle chambre. »

À sa mine qui change, je vois bien que mon visage en dit long sur ce que je ressens. Le rejet, l'abandon, l'absence d'écoute. L'insignifiance.

Voilà ce que je suis : insignifiante. Mon avis n'a aucune importance.

Mes cartons sont empilés dans ma nouvelle chambre, sombre et inhospitalière.

« Je ne les déballerai jamais, vous savez. »

Les cartons, 1990

Allongée sur mon lit, j'ai peur d'avoir perdu ces derniers mois toute capacité à ressentir quoi que ce soit. Je crois que ça ne reviendra jamais. Personne ne s'intéresse à moi, alors pourquoi je devrais m'intéresser aux autres ? Personne ne s'intéresse à moi, même pas moi. Ma grand-mère est morte la semaine dernière et ils ne m'ont pas parlé de l'enterrement. Si elle avait vieilli en meilleure santé, je sais qu'elle serait venue me chercher, qu'elle m'aurait emmenée chez elle et qu'elle se serait occupée de moi. C'est la seule qui ait jamais voulu de moi, ou du moins j'aime à le penser. Mais maintenant, elle est morte, enfermée dans une boîte sous terre, alors je ne saurai jamais à quel point elle m'aimait. Enfin, je crois qu'elle a plutôt été incinérée, au lieu d'avoir les vers pour seule compagnie.

Mes cartons sont toujours empilés contre un mur de ma chambre, avec toutes mes affaires qui prennent la poussière. Ils me rappellent que tout le monde se fiche de ce que je pense, tout comme je me fiche de ce qu'ils décident parce que désormais mes propres choix m'appartiennent. Je sais maintenant que, quoi que je fasse pour être aimée, les gens ne sont jamais contents et finissent par faire ce qu'ils veulent, de toute façon. Tout ce que je suis capable de ressentir, c'est de la colère et un mal de crâne à cause de ce que j'ai bu et fumé hier soir.

Merde, c'était quoi ce shit que j'ai testé ? Putain, j'ai aucun souvenir. Ha, ha ! Je suis rentrée en taxi, en tout cas, et c'est eux qui ont payé ! Comme ma mère…

Mon humeur se rembrunit à cette pensée. Je regarde autour de moi. Ma chambre est vide, à part mes cartons – la nouvelle maison de Simon Le Bon et ses copains – et quelques objets que j'ai chouravés pour les revendre et m'acheter de l'alcool. Je manque d'argent depuis que j'ai arrêté de travailler à la boulangerie, juste après mon transfert ici.

Personne ne m'aime et personne ne veut de moi, alors pourquoi je devrais m'en faire ?

Ces mots me collent à la peau comme un vieil ami qui m'embrasserait à mon retour au bercail, dans la vie censée être celle d'une enfant de l'assistance, qui a voulu se rebeller et prendre le contrôle de sa vie, mais en vain. Ils n'attendent pas de nous qu'on réussisse alors pourquoi essayer ? Les seules personnes qui se sont souciées de moi sont parties ou alors on m'a éloignée d'elles, comme Erica et sa mère. Vous ne pouvez compter que sur vous-même, et surtout pas faire confiance aux adultes : ils vous posent quelque part puis vous emmènent ailleurs.

J'arriverai à m'en sortir avec les moyens du bord : en faisant la manche, en volant, en baratinant les gens. Ça a toujours fonctionné, jusqu'à présent. Pourquoi m'embêter à continuer des études, à devenir avocate ? Quelle idée pathétique et stupide, quand j'y pense.

N'importe quoi, ça m'irait pas du tout d'être avocate. Je suis la fille la plus horrible du monde et je me suis encore fait jeter. Je peux pas aller en fac et devenir avocate, je serais pas à ma place ! Et j'y arriverais pas de toute façon.

À chaque fois que j'essaie de dévier de ce qu'on attend de quelqu'un comme moi, ça part en vrille. Ils vous transfèrent tout le temps, personne ne veut vous garder, vous n'avez aucune valeur à leurs yeux. Personne ne veut de moi, on ne m'enlèvera jamais ça de la tête.

Ce que je fais de mieux, c'est survivre et m'occuper des autres. Ce n'est pas d'une vie d'avocate que j'ai envie, c'est d'une vie de mère. Je veux être une bonne mère. Si j'avais un enfant, j'aurais quelqu'un à aimer, quelqu'un qui ne pourrait pas me rejeter. Quelqu'un que j'aime et qui m'aime. Quelqu'un pour qui je ne me droguerais plus. Une famille, ma famille, une famille heureuse. Je peux me battre pour un enfant que j'aime. Ça, j'en suis capable. C'est ce que j'ai fait avec mes frères toute ma vie.

21

Les dossiers

De retour, 1996

Je regarde ma petite fille de trois ans, jolie comme un cœur. Même si cette enfant a été conçue afin de me faire quitter le foyer, je n'ai aucun regret.

Elle est la définition même de l'amour.

Me revoici dans la même pièce que lorsque j'avais dix-huit ans. À nouveau, les dossiers des services sociaux m'attendent. Mon obsession ne m'a pas quittée. J'ai l'impression qu'un cordon invisible me relie à eux ; ma vie dans des chemises marron. Ils sont posés sur la table en Formica, comme s'ils n'avaient pas bougé depuis trois ans.

Il y en a toujours treize, mais le plus récent s'est épaissi. Je sais ce qu'il contient : ma grossesse, mon mariage, la naissance de ma fille. Neuf épreuves réussies au certificat d'études secondaires, puis l'abandon de mes études. Conformément à ce que l'on attend d'une enfant placée par les services sociaux. Je soupire.

« Tu veux du papier et un crayon ? Tu fais un dessin pour maman, pendant que maman lit les dossiers ? »

Elle accepte le papier et le crayon, et s'assoit par terre sur la couverture que j'ai apportée pour elle. Elle lève les yeux et me sourit. Mon cœur fond.

Rien de tel que le sourire d'un enfant pour vous rendre heureux.

Je sors un carnet de mon sac et m'installe à la table. Un nouveau soupir m'échappe. Cette fois, contrairement à il y a trois ans, je me suis préparée à ce moment. Ma main droite s'avance pour saisir l'un des vieux dossiers usés, que je pose devant moi. J'inspire profondément en soulevant la couverture marron, regarde la première page et sens le calme m'envahir. Je suis prête à découvrir ce qui s'est passé en coulisses, dans les réunions des services sociaux. Calée sur ma chaise, je commence à lire l'autre version de l'histoire.

Quelques heures plus tard, je me renverse contre le dossier de la chaise. La position penchée m'a engourdie, j'ai les yeux fatigués d'avoir tant lu. Je m'étire et me frotte le front, voulant croire que la tension dans ma tête disparaîtra aussi facilement que celle de mon corps.

Ça suffit.

Mon regard parcourt la pièce. Près de ma chaise, le sol est jonché de mouchoirs. Chacun a servi à essuyer mes larmes. Ma fille dort dans sa poussette. Son sommeil m'a offert le temps précieux de lire le point de vue d'adultes professionnels sur mon enfance, page après page. Et maintenant, émotionnellement, je me sens épuisée.

Elle dort bien… Allez, un dernier.

Je saisis un dossier qui date de trois ans après notre départ de la maison. Je prends des notes :

Extrait de compte rendu d'une assistante sociale, 13 février 1986

— Est-ce que tout le monde convient que le retour chez les parents n'est plus approprié ? L'objectif est désormais un placement permanent des enfants dans une famille d'accueil.

— Accepté.

— Les parents biologiques sont incapables de s'occuper des enfants, ont des problèmes chroniques de dépendance qui entraînent des difficultés sociales et financières. Cela ne s'est pas vraiment amélioré depuis la prise en charge des enfants par les services sociaux.

— L'objectif du placement est un accueil de long terme, pas l'adoption. Les enfants étant sous tutelle judiciaire, l'autorisation de placement est soumise à l'accord du juge des tutelles, mais cela ne devrait pas poser de problème.

— Dans le nouveau « système », la famille devrait être trouvée avant que le tribunal soit consulté.

— La commission souligne que l'objectif est de placer les enfants ensemble.

J'ai l'impression d'avoir été écrasée par un train.

Qu'est-ce qui s'est passé ? Pourquoi est-ce qu'on n'a pas été placés en famille d'accueil ? Pourquoi est-ce qu'on n'a pas été informés de cette décision ? D'après ce document, on aurait dû nous trouver une famille. On m'a toujours dit que ce n'était pas possible.

J'ai la tête qui tourne. Les dossiers sont étalés par terre, pourtant je ne me rappelle pas les avoir repoussés. J'ai la tête entre les mains et ma fille pleure. Je la prends dans mes bras.

« Tout va bien, ma puce, ça va. Maman a juste eu une grosse frayeur. »

Je prends son gobelet dans mon sac et lui fais boire un peu de jus de fruits pour qu'elle s'apaise.

* *
*

À la maison, ma fille s'est rendormie calmement. Elle est ce que j'ai de plus précieux et de plus beau.

Ma mère a manqué tellement de choses, de nous, de toi. Maman, papa, qu'est-ce que vous avez fait?

Une larme coule sur ma joue et tombe sur ton oreiller. En silence, je me fais une promesse qui t'est aussi adressée.

Quoi que j'aie vécu et quoi qu'il m'arrive encore, tu n'en subiras pas les conséquences, ma petite fille. Je veillerai à te protéger et à te rendre heureuse.

Je descends m'asseoir, seule avec mes pensées. Les mots du dossier rejaillissent dans mon esprit, tourbillonnent, me torturent.

Ça n'aurait pas dû se passer comme ça.

Je fixe avec dégoût le contenu de mon verre, mais n'en porte pas moins la vodka à mes lèvres. Il y a une autre voix tout au fond de moi. Je l'entends presque me dire que la vodka m'appelle, tout comme ces dossiers m'ont appelée pendant des années.

Qui ne se sert pas un verre après une longue journée riche en émotions? Aucun mal à cela.

Alors que le médicament alcoolisé coule dans ma gorge, je commence à oublier tout ce que j'ai lu. Je voulais à tout prix savoir ce que contenaient ces dossiers : maintenant je le sais. L'information est passée du papier à mon cerveau. Ce faisant, elle a créé un volcan d'émotions que je ne comprends pas. Je me sens vulnérable. J'ai mal à la tête. Le monde que j'ai connu est sens dessus dessous. Plus rien ne sera comme avant.

Pourquoi est-ce que je n'ai pas su me contenter de ce que je savais ?

Il y a une voix dans ma tête.

J'aurais préféré ne jamais commencer.

Post-scriptum

Lettre à mon père, mars 2010

Cher Daddy,

Tu te souviens, je t'ai toujours appelé comme ça, «Daddy», *même devenue adulte ! J'aimerais tant pouvoir te montrer aujourd'hui comme j'ai réussi avec Lucy et Jake. Tu serais si heureux d'être grand-père ; mais je suis convaincue que tu le sais et que tu me vois de là-haut.*

J'ai ressenti le besoin de t'écrire cette lettre ce matin, à l'âge de trente-cinq ans, après m'être rappelé les bons moments que nous avons passés ensemble et pour lesquels je suis si reconnaissante. En particulier les journées passées à Hamilton Street, lorsque je venais vous rendre visite de Chesterfields. Tu te souviens de nos parties de bingo ! Tu étais toujours si agacé de ne pas gagner que j'espérais pour toi un coup de chance qui, hélas, ne venait jamais.

Papa, je n'ai pas envie de me mettre en colère contre toi, mais maintenant que j'ai trouvé le chemin de la guérison, je me demande souvent pourquoi tu n'as pas réussi à en faire autant pour nous. Bien sûr, je sais que si l'on n'entame pas ce chemin pour soi-même, cela ne fonctionne pas, mais ça, c'est la théorie. Les émotions ne sont pas si simples, n'est-ce pas? Après ta mort, maman m'a dit que tu n'avais jamais vraiment réussi à surmonter la culpabilité de nous avoir perdus. Grâce à cela, j'ai fini par éprouver de la compassion et de l'empathie pour ton addiction, mais pas pour certains de tes agissements. J'ai essayé de chasser l'amertume et la colère, mais l'ironie de me retrouver moi aussi dans les griffes de cette même addiction ne m'a jamais quittée.

Cela n'empêche pas les questions de me trotter dans la tête, soulevées par un souvenir que fait naître l'évocation des bons comme des mauvais moments. Ce matin m'est revenue à l'esprit notre émission préférée, que nous regardions ensemble: les combats de catch entre Big Daddy et Giant Haystacks, tu te souviens?! Et juste après, la grande question qui m'a tourmentée toute mon adolescence. Comment as-tu pu vendre ta femme à des hommes? Comment pouvais-tu rester assis en bas en sachant qu'un autre se servait de ta femme pour assouvir ses propres besoins? Comment as-tu pu laisser entrer des hommes dans la chambre que je partageais avec vous? Ne savais-tu pas que maman faisait ces choses dans la pièce où je dormais? Quand je pense au danger auquel vous m'avez exposé, ça me fait frémir.

L'une des nombreuses choses que tu ignorais de moi, papa, est qu'à l'âge de dix-huit ans, j'ai commencé à lire mes dossiers des services sociaux, alors que j'étais enceinte de ta petite-fille. Cette lecture, jusqu'au point où j'ai pu la mener, m'a crucifiée. Malgré tout, j'ai continué à venir vous rendre visite, à maman et toi. Votre addiction vous avait menés dans la pire des déchéances, et pourtant vous continuiez. Je n'arrivais vraiment pas à le comprendre. Les dossiers ont anéanti la belle histoire que je m'étais racontée toute mon enfance : que si l'on vous avait apporté l'aide et le soutien nécessaires, vous auriez accepté de reconnaître votre dépendance, arrêté de boire et été capables de nous garder auprès de vous. Comme les enfants peuvent être naïfs, hein ?

Ton petit-fils a hérité de ta gentillesse et de ta générosité : il passe son temps à m'acheter des cadeaux quand il devrait d'abord penser à lui. Tu te souviens que tu faisais ça avec maman ? Ça doit être dans les gènes, et ce n'est pas une pensée que je prends à la légère, car ma plus grande crainte est d'avoir transmis à mes enfants le gène dormant de l'addiction, et qu'il se réveille pour nous sauter à la gorge. Je crois, papa, que j'ai écarté la dimension culturelle du risque, mais la nature se tient peut-être en embuscade.

Maman et toi n'avez pas su non plus qu'à une vingtaine d'années, je suis retournée consulter les dossiers des services sociaux. Les neuf volumes. Pendant six mois, je suis venue chaque semaine à Hackney, sachant que vous n'étiez qu'à dix minutes de là par le bus 73, celui-là même que maman prenait toutes les semaines et qui réveille des souvenirs répugnants. Tu sais de quoi je parle.

Lors de mes rares visites, je m'asseyais et te servais à boire. L'alcool t'avait déjà ruiné la santé au point que tu étais cloué dans un fauteuil roulant, pratiquement aveugle, désormais incapable d'assouvir ton vice sans l'aide d'un complice, rôle que j'endossais par pitié.

Tu ne savais pas que j'avais lu les papiers concernant ton enfance, tellement triste. Ils m'ont appris que tu avais été abandonné sur les marches d'un orphelinat du Dr Barnardo à l'âge approximatif de dix-huit mois, par ton père, qui ne pouvait pas s'en sortir après avoir perdu ta mère, morte en te mettant au monde. Ensuite, quand ton père s'est remarié, il est venu te rechercher. Tu avais quatorze ans. Il a vendu le costume marron qu'on t'avait fourni, comme à tous les garçons qui quittaient l'institution, puis t'a ramené aux portes de l'orphelinat. Je n'imagine même pas ce que tu as dû ressentir. Je me demande souvent si cela t'a mis en colère ou au contraire vidé de tout sentiment. Mon cœur se brise lorsque je pense à la manière si horrible dont ton père s'est servi de toi. Mais ce n'est pas surprenant, car, d'après ce que j'ai lu, lui aussi était alcoolique; tu vois, papa, la définition de la folie, répéter le même comportement et en attendre un résultat différent: ça n'a aucun sens, n'est-ce pas?

Papa, je sais que tu ne nous aurais jamais fait cela, quand bien même tes envies d'alcool auraient atteint un degré diabolique.

Quand j'ai fait mes timides premiers pas sur le chemin de la guérison, et commencé ce long processus, j'ai beaucoup appris sur le pardon. Je savais que je ne voulais pas laisser le passé jouer un rôle dans le nouvel avenir de ma famille, mais je n'étais pas sûre de pouvoir te pardonner les souffrances et les manques. Je remercie Dieu d'avoir eu l'esprit ouvert à la pratique du pardon, et je le remercie pour la liberté que cela m'a donnée.

Je refuse de me laisser ronger par le ressentiment le reste de ma vie, et c'est la raison pour laquelle j'ai réussi à te pardonner.

Papa, je crois qu'aujourd'hui toi aussi tu es libéré de la souffrance de l'addiction. Je te souhaite de l'amour, de l'attention et de pouvoir faire des choix – le choix d'éviter maman à tout prix si elle te retrouve là-haut !!!

Je t'aime,

Hope

(Rédaction originale de Hope)

Remerciements et un dernier mot

De Hope

Sans le soutien de mes enfants et de mon mari, mon histoire n'aurait jamais été publiée et, pour cela, je leur serai éternellement reconnaissante.

Une mention spéciale à mes assistantes sociales, en particulier « S » qui n'a jamais cessé de m'entourer de son amour, de sa gentillesse et de sa compassion, et que j'aimerai toujours.

Enfin, je veux remercier Morag. Morag, tu es une femme à part : merci beaucoup.

Il est bien sûr nécessaire de protéger l'identité de nombreuses personnes qui ont croisé le chemin de Hope, c'est pourquoi nous avons modifié certains noms, âges, noms de rues et détails du contexte. Nous remercions tous ceux qui ont soutenu Hope pendant son enfance et son adolescence.

Nos chaleureux remerciements à toutes les personnes qui contribuent à la vie de ce livre, en particulier ceux grâce à qui il touche un plus large public. Plus spécifiquement notre agent Rebecca Winfield pour son enthousiasme, son intérêt et pour nous avoir présenté l'équipe de Simon & Schuster : merci. Shirley Coomber, conceptrice graphique, et le groupe Town & Country Housing qui nous a gentiment donné des ressources et une photographie pour la quatrième de couverture. Ruth Neville, assistante sociale, université de Huddersfield, qui croit totalement en moi (Hope). Sir Martin Narey, conseiller auprès du gouvernement, vous êtes vraiment un type cool ! Et un dernier grand merci, mais certainement pas le moindre, à tous ceux qui ont travaillé sur le livre chez Simon & Schuster. En particulier, notre éditrice Kerri Sharp, dont la vision d'ensemble associée au souci du détail ont porté ce témoignage à un niveau supérieur. Merci pour cela et pour avoir cru tout de suite et jusqu'au bout en ce livre.

Nous sommes si heureuses et enthousiastes de la réunion de tous ces talents, merci à chacun de vous. Quelle chance d'avoir une telle équipe !

De Morag à Hope

Il y a les anniversaires dont on se souvient tous, et tes anniversaires. Il y a les journées pourries que l'on a tous, et tes journées pourries. Écrire ce livre avec toi m'a ouvert une fenêtre sur un monde qui m'était inconnu ; un monde qui aurait dû être meilleur pour toi. Nous avons bien souvent pleuré et ri, toutes les deux ou chacune dans son coin. Ce que je trouve très puissant dans ton témoignage, c'est que tout est vrai et que tu as survécu ; tu as surmonté ce qui est maintenant le passé, heureusement, pour te créer ton propre bonheur familial. Malgré tout ce que tu as traversé, tu souris, tu ris et tu nous montres à tous la façon dont la vie devrait être vécue. Je te souhaite des anniversaires et des jours, présents et à venir, comme tu les veux, comme tu les mérites et comme tu les espères. Nous avons fait un voyage ensemble. Les mots me manquent pour exprimer toute l'admiration, le respect et l'amitié que j'ai pour toi. Merci de m'avoir choisie pour porter ta voix, et merci pour ce que tu es.

Si vous souhaitez contacter Hope :
https://www.facebook.com/hackneychild
hackneychild@gmail.com

Table

Nura Abdi, *Larmes de sable*, 2008.
Sameem Ali, *Le Voile de la douleur*, 2013.
Sean Boyne, *Mon père m'a vendue*, 2015.
Sascha Buzmann, *Le Jouet du prédateur*, 2015.
Michael Clemenger, *Dans l'enfer de l'orphelinat*, 2015.
Candice Cohen-Ahnine, *Rendez-moi ma fille*, 2014.
Choga Regina Egbeme, *Je suis née au harem*, 2007.
Amale El Atrassi, *Louve musulmane*, 2014.
Cathy Glass, *Violentée*, 2013.
Cathy Glass, *Ne dis rien*, 2014.
Cathy Glass, *Maman dit que c'est ma faute*, 2015.
Doris Glück, *Niqab*, 2011.
Julie Gregory, *Ma mère, mon bourreau*, 2011.
Katie Harrison, *Les Larmes de Daisy*, 2014.
Danie Lierow, *Sauvée par l'amour*, 2015.
Lilly Lindner, *Moi, Lilly, violée, prostituée*, 2015.
Lizzie McGlynn, *Je te pardonne, papa*, 2015.
Sharon McGovern, *Terrifiée*, 2014.
Senait Mehari, *Cœur de feu*, 2009.
Raluca Nathan, *L'Âme tatouée*, 2013.
Mende Nazer, *Ma vie d'esclave*, 2008.
Tina Rothkamm, *Mon combat pour libérer ma fille*, 2016.
Ouarda Saillo, *J'avais 5 ans*, 2010.
Jacky Trevane, *Fatwa*, 2008.
Judy Westwater, *Abandonnée*, 2011.

Cet ouvrage a été composé
par Atlant'Communication
au Bernard (Vendée)

Impression réalisée à Barcelone par

CPI

en septembre 2016
pour le compte des Éditions Archipoche

Imprimé en Espagne
N° d'édition : 422
Dépôt légal : octobre 2016